Ex-Partner zurückgewinnen

Wie Sie den Liebeskummer überwinden und die Beziehung retten

Alexander Janzer

Disclaimer

Bei starken psychischen oder körperlichen Problemen ist es auf jeden Fall empfehlenswert, vorher einen Arzt aufzusuchen.

Dieses Buch stellt keinen ärztlichen Rat dar und ist kein Ersatz für eine ärztliche Diagnose. Jegliche Haftung ist ausgeschlossen.

ISBN: 1493686364
ISBN-13: 978-1493686360

INHALT

TEIL 2: Ex-Partner zurück gewinnen

Einleitung

Etwa 90% aller Beziehungen können auch nach einer Trennung gerettet werden – so die Statistiken. Dieses zunächst überraschende Ergebnis wird verständlicher, wenn Sie bedenken, dass Ihr(e) Ex sich *schon einmal* für eine Beziehung mit Ihnen entschieden hat.

Mit anderen Worten: Es gibt sehr vieles, was Ihr Ex-Partner an Ihnen mag oder anziehend findet. Diese Anziehung bleibt auch nach einer Trennung bestehen und erhöht somit die Chancen, dass Ihr Ex-Partner sich erneut für Sie entscheidet.

Was Ihnen einen weiteren enormen Vorteil beim Zurückgewinnen Ihres Ex-Partners verschafft, ist die emotionale Bindung, die in der Beziehung auf beiden Seiten entstand. Je länger und intensiver die Beziehung war, desto stärker ist diese Bindung.

Die emotionale Bindung wird nur allmählich schwächer mit der Zeit, so dass Ihr Ex-Partner gar nicht anders kann als Sie noch lange zu vermissen.

* * *

Ob Sie Ihren Ex-Partner zurückgewinnen können, hängt zu einem großen Teil davon ab, wie Sie nach der Trennung mit dem emotionalen Chaos des Liebeskummers umgehen.

Es gibt zwei Gründe, warum Liebeskummer beim Zurückgewinnen des Ex-Partners ein großes Problem darstellt:

Erstens ist die eigene Anziehungskraft auf das andere Geschlecht aufgrund des Liebeskummer-Schmerzes auf einem Tiefpunkt angelangt. Man ist niedergeschlagen, "am Boden zerstört" und zweifelt an sich selbst.

Aufgrund des Trennungsschmerzes neigt man außerdem dazu, große Fehler im Umgang mit dem Ex-Partner zu machen oder Dinge zu sagen, die nicht wirklich gemeint sind.

Der Liebeskummer-Schmerz vernebelt einem die Sinne, so dass man seine Situation gar nicht mehr klar einschätzen kann.

* * *

Die schnelle Überwindung von Liebeskummer und Trennungsschmerz ist einer der wichtigsten Schritte auf dem Weg zur Rettung Ihrer Beziehung.

Deshalb finden Sie in diesem Buch einen ausführlichen ersten Teil mit bewährten Tipps und Übungen zur Überwindung des Liebeskummers. Nach unserer Erfahrung gibt es keine besseren Methoden als die hier vorgestellten, um Liebeskummer tatsächlich zu überwinden.

Im zweiten Teil des Buches schauen wir uns an, wie man:

- den wahren Trennungsgrund so gut es geht erkennt,
- dafür eine akzeptable Lösung findet und
- mit der richtigen Strategie den Ex-Partner wieder zurückgewinnt.

Sie erfahren die häufigsten Fehler, die beim Zurückgewinnen des Ex-Partners gemacht werden und ob eine Kontaktsperre Ihnen bei der Rettung Ihrer Beziehung helfen kann.

TEIL 1:

Liebeskummer überwinden

Kapitel 1: Die Ursachen des Liebeskummers

Um Liebeskummer zu überwinden, müssen Sie zuerst wissen, was dieses emotionale Leiden verursacht und warum es Liebeskummer überhaupt gibt.

Es gibt *drei* Dinge, die Liebeskummer und das damit einhergehende Leiden verursachen:

1. Ursache: Emotionale Wunden

Der bei weitem größte Teil des Liebeskummer-Schmerzes kommt von emotionalen Verletzungen aus der frühen Kindheit.

Wenn die emotionalen Bedürfnisse eines Kleinkindes nach Liebe, Aufmerksamkeit und Zuneigung von den Eltern nicht ausreichend erfüllt werden, entstehen *emotionale Wunden.*

Diese Wunden können später nur von einem selbst durch verschiedene Formen der (Selbst-)Therapie geheilt werden. Mehr dazu in *Kapitel 2: Emotionale Wunden heilen.*

Niemand hat eine perfekte Kindheit und somit hat jeder mehr oder weniger starke emotionale Verletzungen. Die meisten von uns können sich an die Ursachen der emotionalen Wunden kaum erinnern. Das liegt nicht nur daran, dass diese in der frühen Kindheit stattfanden, sondern auch weil wir diese sehr unangenehmen Erfahrungen und den Schmerz ins Unterbewußtsein verdrängt haben.

Das Problem ist nur, dass das Verdrängen niemals dauerhaft funktioniert. Die emotionalen Verletzungen kommen zwangsläufig immer wieder hoch und machen unser Leben zur Hölle, bis wir sie hoffentlich irgendwann heilen.

Wenn emotionale Verletzungen hochkommen, dann kann sich das anfühlen wie tiefe Trauer, riesengroße Wut, Hoffnungslosigkeit, Leere und ähnliche unangenehme Gefühle.

* * *

Gerade nach einer Trennung kommen sehr, sehr viele emotionale Verletzungen hoch.

Der Grund dafür ist, dass sich in fast allen Beziehungen eine mehr oder weniger starke emotionale Abhängigkeit zwischen den Partnern entwickelt, die oft als *Co-Abhängigkeit* bezeichnet wird.

Ist die Beziehung mal zu Ende, so fühlt man sich nicht anders als ein Drogenabhängiger auf Entzug.

Die Ursache der Abhängigkeit in Beziehungen ist *emotionale Bedürftigkeit*, die wiederum zum größten Teil von den bereits erwähnten emotionalen Verletzungen verursacht wird.

Was ist emotionale Bedürftigkeit?
An dieser Stelle ist es wichtig, zwischen emotionaler Bedürftigkeit und echten emotionalen Bedürfnissen zu unterscheiden.

Jeder von uns hat ganz natürliche emotionale Bedürfnisse nach Liebe, Zuneigung, usw. Dies sollte jedoch klar von emotionaler Bedürftigkeit unterschieden werden, die aus emotionalen Verletzungen entsteht.

Bei der emotionalen Bedürftigkeit versucht man, den Schmerz der Wunden von außen zu stillen (durch Zuneigung des Partners). Das Problem ist nur, dass emotionale Wunden damit *nicht geheilt* werden. Geht die Beziehung zu Ende, spürt man den Schmerz der Verletzungen nur umso deutlicher.

Emotionale Bedürftigkeit ist auch ein häufiger Grund für das Scheitern von Beziehungen. Man wird zu anhänglich oder versucht womöglich den Partner zu kontrollieren, statt die Ursache der eigenen Unsicherheiten – die emotionalen Verletzungen – zu heilen.

Gefühle wie „Ich kann nicht ohne dich leben" sind sichere Anzeichen für emotionale Bedürftigkeit.

Echte Liebe vs. Pseudoliebe

Leider werden solche ungesunden Abhängigkeiten in Filmen und im realen Leben oft mit Liebe gleichgesetzt. Bedürftigkeit und Sucht hat aber mit echter Liebe nur wenig zu tun.

Manche behaupten sogar, Liebe *sei* eine Sucht, inklusive der Entzugserscheinungen. Dem ist aber nicht so. Es gibt auch echte Liebe, die auf Selbstliebe beruht. Echte Liebe ist das Teilen der eigenen Selbstliebe mit anderen.

Wenn man sich selbst nicht liebt, so ist es fast unmöglich jemand anderen wirklich zu lieben. Emotionale Bedürftigkeit wie „Ich kann nicht ohne dich leben" ist eine Sucht, die auf einem Mangel von Selbstliebe beruht. „Ich kann nicht ohne dich leben" ist *keine* Liebe.

Bei der echten Liebe gibt es nach einer Trennung keine Entzugserscheinungen, *weil man sich selbst liebt*. Es mag zwar Trauer über das Ende einer Beziehung geben, was ganz natürlich ist. Die Trauerarbeit ist dann aber der einzige Bestandteil des Liebeskummers und geht relativ schnell vorbei.

Damit sind wir auch schon bei der *zweiten* Ursache des Liebeskummers:

2. Ursache: Natürliche Trauer

Der zweite Bestandteil des Liebeskummers ist **Trauer** über den Verlust des Partners.

Psychologisch und emotional ist die Trauer nach einer Trennung nicht viel anders als die Trauer nach dem Tod eines nahen Menschen. In beiden Fällen ist die Person nicht mehr in unserem Leben. Es ist also völlig natürlich, nach einer Trennung zu trauern.

Die beste und schnellste Methode für die natürliche Verarbeitung von Trauer ist, *die eigenen Tränen zuzulassen*. Es ist am besten, sich dafür genügend Zeit zu geben und ungestört zu sein.

Viele Menschen stellen überrascht fest, dass das Weinen auch etwas angenehmes sein kann. Es bringt schnelle emotionale Erleichterung mit sich.

Das Problem ist, dass viele das Weinen als Schwäche sehen und es nicht zulassen. Tatsächlich ist Weinen ein Sich-Öffnen zu den eigenen Gefühlen, was oft Stärke und Mut erfordert.

Weinen ist gesund

Man hat in Untersuchungen festgestellt, dass das Weinen sehr gesund ist. Für unseren Körper ist es der natürliche Weg, alle Arten von psychischem und physischem Stress zu verarbeiten. Mit den Tränen werden schädliche Stress-Hormone aus dem Körper gespült.

Gleichzeitig aktiviert das Weinen Endorphine, die „Glückshormone". Diese wirken beruhigend und stimmungsaufhellend.

Wenn man bei echter Trauer dagegen *nicht* weint, so kann das zu Depression und anderen Problemen führen. Damit sollte ganz klar sein, dass das Weinen absolut gar nichts negatives an sich hat. Lassen Sie es zu!

Zwei Arten von Trauer

Neben der *natürlichen* Trauer gibt es aber auch *verdrängte* Trauer, die als „aufgestaute" Emotion hochkommen kann. Diese verdrängte Trauer ist meist schwieriger zu verarbeiten, weil sich dahinter fast immer eine emotionale Verletzung verbirgt.

Die natürliche Trauer muss im Grunde nur zugelassen werden, damit sie verarbeitet wird. Eine hilfreiche Übung dazu ist *Zulassen & Loslassen* im Übungsteil dieses Buches.

Die verdrängte Trauer muss genauso zuerst zugelassen und verarbeitet werden. Erst dann kann die dahinterliegende, schmerzhafte Wunde geheilt werden. Wie es geht erfahren Sie in Kapitel 2.

Eins sollten Sie allerdings beachten:

Beim Verarbeiten von Trauer geht es darum, das *Gefühl* der Trauer zuzulassen. Es hat nichts mit Selbstmitleid oder sich Reinsteigern in negative Gedanken zu tun.

Es wird oft der Fehler gemacht, nach einer Trennung in Negativität und Selbstmitleid zu versinken, was völlig unnötig Schmerzen verursacht und mit Trauerarbeit *nichts* zu tun hat.

3. Ursache: Negative Gedankengänge

Die dritte Ursache des Liebeskummers ist das Feststecken in negativen Gedankengängen.

Wenn man sich im Kopf reinsteigert in Selbstvorwürfe oder andere negative Gedanken („Ich bin einfach nicht gut genug"), dann leidet man auch *emotional* sehr darunter.

Nach dem Ende einer Beziehung hat man leider häufig die Tendenz, sich in negative Gedanken reinzusteigern.

Das wichtigste ist, dass das Feststecken in negativen Gedankengängen *völlig unnötig* ist. Mit etwas Übung können Sie das damit verursachte Leiden jederzeit beenden.

Natürlich ist es wichtig, realistisch zu sein und Probleme nicht zu ignorieren. Es kommt aber häufig vor, dass man sich in negative Fantasien über sich selbst oder über das Leben reinsteigert, die nichts mehr mit Realität zu tun haben.

Sich-Reinsteigern in negative Gedankengänge ist nichts anderes als Selbstquälerei. Das muss man ganz klar so sehen.

Wie kann man Negativität beenden?
Um aus dem Sog der negativen Gedankengänge herauszukommen, muss man überhaupt erst erkennen, *dass* man sich mit negativen Gedanken quält. Das ist der entscheidende erste Schritt.

Das Gefühlschaos der emotionalen Wunden und die Trauer tragen dazu bei, dass man seine selbstquälerischen negativen Gedanken oft nicht als solche erkennt.

Hier ist eine Liste sehr häufiger negativer Gedanken:

- „Ich bin einfach nicht gut genug“
- „Ich werde niemals jemanden finden, der so gut ist“
- „Wenn ich nur dies oder das nicht getan hätte“
- „Die Welt ist ungerecht“
- „Ich verdiene einfach nichts besseres“

Es kann helfen, solche Gedanken und alles was einem durch den Kopf geht einfach ohne Zensur aufzuschreiben. Diese Übung hilft auch sehr dabei, diese Gedanken loszulassen.

Eine weitere sehr hilfreiche Übung ist *Zulassen & Loslassen* (im Übungsteil). Diese Übung ist sehr wirksam sowohl beim Verarbeiten von Emotionen wie auch beim Loslassen von selbstquälerischen Gedanken.

Darüber hinaus ist es so, dass die Intensität der negativen Gedankengänge abnimmt, je mehr man die schmerzhaften emotionalen Wunden und die Liebeskummer-Trauer verarbeitet.

Je mehr man also an den anderen beiden Aspekten des Liebeskummers arbeitet, desto einfacher wird es auch, nicht in negative Gedankengänge zu verfallen, bzw. aus diesen herauszukommen.

Idealisierung des Ex-Partners

Zum Thema der *negativen* Gedankengänge gehört auch die Idealisierung des Ex-Partners. Besonders wenn man verlassen wurde, neigt man häufig dazu. Man errinert sich dann nur noch an die schönen Aspekte der Beziehung und blendet alles aus, was problematisch war.

Die Idealisierung und Glorifizierung des Ex-Partners trägt aber **direkt** dazu bei, dass man sich in negative Gedankengänge verstrickt.

Denn je mehr man den Ex-Partner idealisiert, umso mehr neigt man dazu, über sich selbst schlecht zu denken. Man gibt sich dann beispielsweise den Großteil der Schuld am Scheitern der Beziehung, egal ob das wirklich der Fall war oder nicht.

Die Idealisierung des Ex-Partners ist genauso eine Fantasie wie die Selbstherabstufung. Beides findet nur im Kopf statt und hat sehr wenig mit Realität zu tun.

Speziell für diese Problematik finden Sie die Übung *Idealisierung des Ex-Partners* beenden im Übungsteil dieses Buches.

Glaubenssätze und Überzeugungen

Die Überzeugungen und Glaubenssätze in unseren Köpfen spielen oft eine grosse Rolle beim Feststecken in negativen Gedankengängen. Tatsächlich sollte man aufpassen, dass negative Gedanken wie „Ich bin einfach nicht gut genug“ sich nicht zu Überzeugungen oder persönlichen Glaubenssätzen entwickeln.

Damit würde man den negativen Gedankengang sozusagen **„festzementieren“**, auch wenn die Überzeugung völlig an der Realität vorbeigeht!

Für uns ist es dann in unserem Erleben „real“. Wir sind dann eben überzeugt, dass es so ist, dass wir nicht gut genug sind, usw.

Jeder von uns hat eine ganze Reihe solcher „festzementierter“ Überzeugungen und einige davon können uns erhebliche Probleme und unnötiges Leiden bereiten.

Besonders problematisch sind falsche Überzeugungen über sich selbst.

Man muss aber nicht aufgrund falscher Überzeugungen das ganze Leben lang leiden. Überzeugungen können auch geändert werden. Einige der effektivsten Wege dazu finden Sie in der Übung *Überzeugungen ändern.*

* * *

Damit sind wir auch schon am Ende des ersten Kapitels, in welchem wir uns die *Ursachen* des Liebeskummers angeschaut haben.

In Kapitel 2 geht es um das *Heilen der emotionalen Wunden.* Es ist ein so wichtiges und umfangreiches Thema, dass es ein eigenes Kapitel verdient. Emotionale Wunden sind nämlich DIE Hauptursache des Liebeskummers.

Danach kommt der Übungsteil mit 7 Übungen gegen Liebeskummer. Darin finden Sie hocheffektive Methoden gegen jeden Bestandteil des Liebeskummers.

Anschließend finden Sie die besten 20 Tipps gegen Liebeskummer sowie ein Kapitel mit Fragen und Antworten rund um die schnelle Überwindung des Liebeskummers.

Kapitel 2: Emotionale Wunden heilen

Die Heilung der emotionalen Wunden ist der bei weitem wichtigste Schritt, um Liebeskummer zu überwinden.

Denn verdrängte emotionale Verletzungen, die nach einer Trennung hochkommen, sind die weitaus größte Ursache des Liebeskummers.

Wie heilt man emotionale Wunden?

Emotionale Wunden kann man nur durch Selbstliebe heilen.

Genauer gesagt sind es drei verschiedene *Gefühle* in uns selbst, die emotionale Wunden heilen:

Liebe, Akzeptanz und *Anerkennung*.

Diese drei Gefühle sind verschiedene Formen der Selbstliebe. Wir kommen noch darauf zu sprechen, wie man diese Gefühle am einfachsten findet.

Warum führen gerade diese drei Gefühle zur emotionalen Selbstheilung?

Der Grund dafür ist, dass jede emotionale Verletzung durch *zu wenig* Liebe, Akzeptanz oder Anerkennung durch Eltern oder Betreuer in der frühen Kindheit entstand.

Kinder haben ein natürliches Bedürfnis nach Liebe, Akzeptanz und Anerkennung. Diese Bedürfnisse können nur von den Eltern oder anderen Erwachsenen erfüllt werden.

Wenn die emotionale Wunde in der Kindheit aber erstmal entstanden ist, so kann man diese nur noch selber als Erwachsener heilen – ob in Selbsttherapie oder mit Unterstützung eines guten Therapeuten.

* * *

Emotionale Wunden heilt man also, indem man sich selbst Liebe, Akzeptanz oder Anerkennung gibt – je nachdem welcher Mangel die Wunde ursprünglich verursacht hat.

<u>Im Klartext: man muss das Gefühl der Liebe, Akzeptanz oder Anerkennung finden und zu der gerade schmerzenden, verletzten Stelle in sich selbst bringen.</u>

Wunden sind einen Großteil der Zeit verdrängt. Man kann aber nur solche Wunden heilen, die gerade „hochgekommen" sind und schmerzen – also nicht mehr verdrängt sind.

Es kann große Unterschiede geben im Zeitaufwand, der nötig ist, um eine Wunde zu heilen. Manchmal reichen einpaar Minuten oder weniger. Bei größeren Wunden muss man das Gefühl der Liebe, Akzeptanz oder Anerkennung auch schon mal 10 oder 15 Minuten an der schmerzenden Stelle halten, um diese vollständig zu heilen.

Wie weiß man ob eine Wunde Liebe, Akzeptanz oder Anerkennung braucht, um zu heilen?

Meistens muss man es einfach ausprobieren, indem man Liebe, Akzeptanz und Anerkennung nacheinander zu der verletzten Stelle bringt. Wenn es das „falsche" Gefühl ist, das Sie zu der verletzten Stelle bringen, wird sich an dem Schmerz nichts ändern.

Wenn Sie aber das „richtige“ Gefühl zu der verletzten Stelle bringen, so wird dieses Gefühl der Liebe, Akzeptanz oder Anerkennung sofort spürbar anfangen, den Schmerz zu lindern. Dann müssen Sie dieses heilende Gefühl nur noch so lange bei der Wunde halten, bis die schmerzende Verletzung vollständig geheilt ist.

Aufgestaute Emotionen

Erschwerend kommt hinzu, dass die verletzten Stellen oft von intensiven, aufgestauten Emotionen wie Wut oder tiefer Trauer sozusagen „verdeckt“ sind. Man kann die dahinterliegende Wunde erst dann heilen, nachdem die Emotion verarbeitet worden ist.

Die schnellsten uns bekannten Methoden, um unangenehme Emotionen zu verarbeiten sind in den Übungen *Zulassen & Loslassen* und *Intensität nutzen* beschrieben.

Ganz allgemein gesagt werden aufgestaute Emotionen erst dann verarbeitet, wenn man sich *absichtlich* erlaubt, diese zu fühlen. Solange Sie die aufgestaute, unangenehme Emotion unterdrücken, kann diese nicht verarbeitet und losgelassen werden.

Die Unterdrückung der unangenehmen Gefühle ist eine automatische Reaktion, die wir in der Kindheit gelernt haben. Damals war es ein wichtiger Schutzmechanismus, weil man als Kind manche Dinge und Verletzungen einfach nicht verarbeiten kann.

Als Erwachsene sind wir dagegen in der Lage, *alles* zu verarbeiten – inklusive all der aufgestauten Emotionen und schmerzenden Verletzungen.

Gefühle der Selbstliebe finden

Eine weitere Herausforderung ist sicherlich das Finden der Gefühle der Liebe, Akzeptanz und Anerkennung in sich selbst, um die emotionalen Wunden zu heilen.

Weil es so wichtig ist, finden Sie gleich zwei Übungen mit verschiedenen Methoden, um die Gefühle der Liebe, Akzeptanz und Anerkennung in sich selbst zu finden. Da diese Gefühle verschiedene Formen der Selbstliebe sind, heißen die entsprechenden Übungen *Selbstliebe 1* und *Selbstliebe 2*.

Liebeskummer überwinden in 5 Schritten

Fassen wir in 5 Schritten zusammen, was Sie konkret tun können, um aus dem Liebeskummer so schnell wie möglich herauszukommen.

Die Ausgangslage: Sie haben Liebeskummer und fühlen sich wirklich miserabel. Was ist also der erste Schritt?

1. Schritt: Unangenehme Gefühle verarbeiten

Normalerweise hilft es am meisten, zuerst all die unangenehmen Gefühle zu verarbeiten. Eine sehr schnelle Methode dazu ist die Übung *Zulassen & Loslassen.* Eine andere sehr schnelle Methode ist die Übung *Intensität nutzen.*

Ganz allgemein gesprochen wird man die unangenehmen Gefühle und aufgestauten Emotionen erst dann los, wenn man diese nicht mehr unterdrückt. Das Unterdrücken der unangenehmen Gefühle führt nur dazu, dass man sich *noch schlechter* fühlt.

Depression ist ein direktes Resultat des Unterdrückens von Gefühlen, die man zulassen und verarbeiten sollte.

Es kann sich zwar für kurze Zeit unangenehm anfühlen, Gefühle wie Angst, Trauer, Wut oder Einsamkeit zuzulassen und dann loszulassen. Vergleichen Sie das aber mit der Alternative: Weiterleiden unter unangenehmen Gefühlen, da das Unterdrücken nicht wirklich funktioniert und das Ganze nur noch schlimmer macht (Stichwort: Depression).

Um ein unangenehmes Gefühl zu verarbeiten, müssen Sie es also zuerst für kurze Zeit in Ihre Gefühlswelt reinlassen. Erst wenn Sie das Gefühl für mindestens mehrere Sekunden zugelassen haben, kann es wirklich losgelassen werden.

Der Schritt des Loslassens ist nicht so einfach zu erklären, auch wenn er bei der Durchführung nicht wirklich kompliziert ist. Im Grunde ist das Loslassen ganz einfach eine Entscheidung. Sie entscheiden sich, das gerade zugelassene Gefühl loszulassen. Natürlich reicht es nicht, es nur im Kopf zu entscheiden, sondern Sie müssen es in Ihrem Inneren auch willentlich umsetzen und das Gefühl *loslassen.*

Es empfiehlt sich auf jeden Fall, zuerst leichtere Gefühle loszulassen und sich erst dann zu den schwierigsten vorzuarbeiten. Mehr Tipps zum Loslassen finden Sie in der Übung *Zulassen & Loslassen.*

Nehmen Sie sich für diesen ersten Schritt genügend Zeit. Gerade in der Anfangsphase des Liebeskummers braucht man pro Tag durchaus mindestens 1-2 Stunden, um die hochgekommenen Gefühle zu verarbeiten und sich besser zu fühlen.

2. Schritt: Emotionale Wunden heilen mit Selbstliebe

Sobald Sie einige unangenehme Gefühle losgelassen haben, ist es am besten, *gleich danach* den nun „freigelegten“ emotionalen Schmerz zu heilen (emotionale Verletzungen).

Eine große Hilfe ist, dass man nach dem Loslassen der unangenehmen Gefühle fast immer anfängt, eines der angenehmen, heilenden Gefühle zu spüren. Es ist wie ein eingebauter, automatischer Heilungsmechanismus in uns. Nutzen Sie ihn!

Schauen Sie also nach dem Loslassen der unangenehmen Gefühle, ob Sie irgendwelche *neuen, leichteren, angenehmen* Gefühle in sich spüren. Das angenehme Gefühl kann anfangs schwach und relativ schwierig zu finden sein. Sobald Sie es aber haben, *halten Sie es,* denn durch das Halten des Gefühls in Ihrer Aufmerksamkeit wird es stärker und stärker.

Wenn Sie das neue Gefühl stärker werden ließen, können Sie es dazu einsetzen, die „freigelegte" emotionale Wunde zu heilen. Mehr dazu in den Übungen *Selbstliebe 1* und *Selbstliebe 2*.

Der erste Schritt, das Loslassen unangenehmer Gefühle, ist wie die *Reinigung der Wunde*. Der zweite Schritt, Gefühle der Selbstliebe, ist wie eine Salbe, die auf die Wunde aufgetragen wird und die Heilung um ein Vielfaches beschleunigt.

Zum Glück braucht das Heilen einer *emotionalen* Wunde nicht so viel Zeit wie *physische* Wunden. Während der erste Schritt der Reinigung (Loslassen unangenehmer Gefühle) zwischen einigen Minuten und mehreren Stunden dauern kann, dauert der zweite Schritt der Heilung der Wunde mit Selbstliebe normalerweise nur etwa 2 bis 15 Minuten.

Danach ist die schmerzhafte Wunde komplett geheilt und wird Sie nie wieder belästigen.

3. Schritt: Ex-Partner loslassen

Ein weiterer wichtiger Schritt zur kompletten Überwindung des Liebeskummers ist das absichtliche Loslassen des Ex-Partners und der *gemeinsamen* Träume und Hoffnungen aus dieser Partnerschaft.

Das kann ein schwieriger, aber sehr befreiender Schritt sein. Es geht darum, auf einer tiefen Ebene die Entscheidung zu treffen, die alte Beziehung wirklich komplett loszulassen und für ein neues

Leben ohne den Ex-Partner bereit zu sein.

Gerade nach längeren Beziehungen kann dieser Schritt sehr schwierig sein, weil man stark am Ex-Partner hängt. Um den Liebeskummer komplett zu überwinden, ist es aber wichtig, irgendwann die alte Beziehung innerlich loszulassen.

Die effektivsten Tipps und Methoden dazu finden Sie in der Übung *Ex-Partner loslassen* im Übungsteil dieses Buches.

Das Loslassen des Ex-Partners fällt umso einfacher, je mehr Sie emotionalen Schmerz und unangenehme Gefühle verarbeiten. Damit nimmt die Intensität des Vermissens und verzweifelten „Brauchens“ des Ex-Partners schnell ab.

Auch wenn Sie Ihren Ex-Partner zurückgewinnen wollen, hilft es, innerlich loszulassen. Das Loslassen des Ex-Partners führt nämlich (zusammen mit dem Heilen von Wunden) dazu, dass emotionale Bedürftigkeit und Abhängigkeit abnehmen. Dies steigert wiederum die eigene Attraktivität.

4. Schritt: Negative Gedanken und Überzeugungen loslassen

Um Liebeskummer zu überwinden, muss auch die bereits erwähnte unnötige Selbstquälerei mit negativen und obsessiven Gedanken beendet werden. Dieser Schritt sollte am besten möglichst früh, parallel zu den ersten beiden Schritten erfolgen.

Um aus dem Teufelskreis der negativen Gedanken zu kommen, ist es am effektivsten, die negativen Gedanken absichtlich loszulassen (Übung *Zulassen & Loslassen*) und falsche Überzeugungen zu ändern (Übung: *Überzeugungen ändern*).

Als Ergänzung ist es für Zwischendurch oft hilfreich, die Gedanken wegzulenken vom Ex-Partner und der Trennung, indem Sie sich mit anderen Dingen beschäftigen, inbesondere mit solchen, die Ihnen Spaß machen.

Wenn Sie dazu geneigt sind, können Sie außerdem versuchen, die Gedanken beim Meditieren zum Schweigen zu bringen. Auch Massagen und Entspannungsübungen können Wunder wirken, um aus dem Sog der negativen Gedanken herauszukommen.

Sehr hilfreich ist auch, möglichst alles wegzuräumen, was Sie an die frühere Beziehung erinnert. Je weniger Sie durch Dinge in Ihrer Umgebung an die Beziehung erinnert werden, desto besser. Der Liebeskummer ist auch so schwierig genug zu überwinden, Sie müssen die schmerzhaften Gefühle und quälenden Gedanken also nicht extra ständig wachrufen.

5. Schritt: Weitere Tipps

Beim fünften Schritt geht es um die Umsetzung weiterer Tipps, die Ihnen helfen können, den Liebeskummer schneller zu überwinden.

Lesen Sie dazu die *20 Tipps gegen Liebeskummer* in Kapitel 4. Diese Tipps sind zwar nicht so wichtig für die Überwindung des Liebeskummers wie die ersten vier Schritte, allerdings können auch „kleinere“ Dinge manchmal einen großen Unterschied ausmachen.

Kapitel 3: Die 7 Übungen gegen Liebeskummer

Dieses Kapitel ist der „Übungsteil" des Buches. Hier finden Sie die sieben Übungen, die nach unserer Erfahrung die effektivsten sind, um Liebeskummer schnell zu überwinden.

Diese Übung dient dazu, unangenehme Gefühle (oder negative Gedanken) loszulassen. Eine der wichtigsten Übungen, um Liebeskummer schnell zu überwinden.

Sehr effektive Methode, um Selbstliebe zu finden und emotionale Wunden zu heilen. Sollte gleich nach der Zulassen & Loslassen Übung gemacht werden.

Weitere Möglichkeiten, um Gefühle der Selbstliebe in sich selbst zu finden und damit emotionale Wunden zu heilen.

Mit dieser Übung können Sie falsche Überzeugungen finden und ändern. Oft sind falsche Überzeugungen verantwortlich für unnötiges Leiden.

1. Übung: Zulassen & Loslassen

Diese Übung dient dazu, unangenehme Gefühle (oder negative Gedanken) loszulassen. Eine der wichtigsten Übungen, um Liebeskummer schnell zu überwinden.

1. **Entspannen Sie sich.**

2. Holen Sie mehrmals tief Luft. Das signalisiert Ihrem Unterbewußtsein, dass Sie etwas ändern möchten.

3. **Zulassen:**

- Fangen Sie damit an, ein unangenehmes Gefühl, das Sie im Moment stört, zuzulassen.

- Erlauben Sie sich, das unangenehme Gefühl *für sehr kurze Zeit* wirklich vollständig zu fühlen. Geben Sie dem Gefühl etwas Platz in Ihrer Gefühlswelt, lassen Sie es mehr „Raum“ einnehmen. Akzeptieren Sie das Gefühl.

- Nur wenn Sie das Gefühl für mindestens 5-10 Sekunden zugelassen haben und nicht mehr blockieren oder unterdrücken, kann dieses losgelassen werden.

- Gerade die schwierigeren Gefühle können sich schrecklich anfühlen, aber das *kurzzeitige* Öffnen und Zulassen ist notwendig für das Loslassen.

- Denken Sie immer daran, dass dies der schnellste Weg ist, um diese störenden Gefühle loszuwerden.

4. Loslassen:

- Der Schritt des Loslassens ist nicht so einfach zu erklären, auch wenn er bei der Durchführung nicht wirklich kompliziert ist. Im Grunde ist das Loslassen ganz einfach eine Entscheidung. Sie entscheiden sich, das gerade zugelassene Gefühl loszulassen. Natürlich reicht es nicht, es nur im Kopf zu entscheiden, sondern Sie müssen es in Ihrem Inneren auch willentlich umsetzen und das Gefühl *loslassen.*

- Anders ausgedrückt: Wir halten die unangenehmen Gefühle immer unbemerkt mit unserem Willen fest. Um das unangenehme Gefühl loszuwerden, muss man also aufhören, es mit dem Willen festzuhalten. Sobald Sie dieses Festhalten auch nur ein Stück loslassen, wird das unangenehme Gefühl anfangen, sich völlig natürlich aufzulösen.

- Da ein solches direktes Loslassen aber am Anfang etwas schwierig sein kann, gibt es auch einige Hilfsmittel, die das Loslassen erleichtern. Dazu gehören die *Atmung*, der Einsatz der *Vorstellungskraft* und das Beantworten von *Fragen.*

- Loslassen mit Hilfe der Atmung:

  - Nutzen Sie das Einatmen als Hilfe beim Zulassen und das Ausatmen als Hilfe beim Loslassen.
  - Gerade das Ausatmen ist ein natürliches Loslassen des Körpers und kann beim Loslassen von Gefühlen helfen.
  - Lassen Sie das Gefühl so viel Sie können *zu* während Sie einatmen.
  - Lassen Sie das Gefühl so viel Sie können *los* während Sie ausatmen.

- Loslassen mit Hilfe der Vorstellungskraft:
  - Nachdem Sie das unangenehme Gefühl zugelassen haben und es halten, stellen Sie sich einen breiten Fluß vor, der durch Sie hindurch und aus Ihnen hinaus fließt.
  - Stellen Sie sich vor, das unangenehme Gefühl in diesen Fluß zu legen und davonschwimmen zu sehen. Je weiter es davonschwimmt, desto mehr lassen Sie das Gefühl los. Bis es irgendwann ganz weg ist.

- Loslassen mit Hilfe von Fragen:
  - Während Sie das unangenehme Gefühl halten, stellen Sie sich folgende Fragen. Oft ist es hilfreich, jemand anderen die Fragen stellen zu lassen.
  - Das Beantworten der Fragen mit „ja" hilft dabei, den Willen zu aktivieren und dazu einzusetzen, das unangenehme Gefühl loszulassen.
  - Frage: „Will ich dieses Gefühl loslassen?"
  - Frage: „Kann ich dieses Gefühl vielleicht *irgendwann* loslassen?"
  - Frage: „Kann ich dieses Gefühl *jetzt* loslassen?"
  - Frage: „Kann ich dieses Gefühl jetzt nur *für ganz kurze Zeit* loslassen?" (Das Loslassen ist dann trotzdem komplett.)

Hinweise zur Übung:

- Bei größeren Emotionen ist es schwierig, alles auf einmal loszulassen. Diese müssen Sie „häppchenweise" wiederholt zulassen & loslassen.

- Das Zulassen & Loslassen funktioniert am besten, wenn Sie zuerst „leichtere" Emotionen zulassen und loslassen und erst dann anfangen, sich den schwierigeren Sachen zu öffnen.

- Schon der erste Schritt, das Zulassen, verarbeitet einen Teil der Emotionen und macht diese kleiner und schwächer.

- Es ist völlig unmöglich „zu viel" oder „das Falsche" loszulassen. So paradox es sein mag: durch das Loslassen positiver Gefühle werden diese *nur noch stärker* und alles störende und unangenehme ist nach dem Loslassen einfach nur weg. Unser Körper weiß am besten, welche Dinge es braucht, um in natürlicher mentaler, emotionaler und physischer Balance zu sein. Sobald Sie etwas loslassen, geben Sie dem Körper sozusagen die Entscheidung, ob etwas behalten werden soll oder weg muss, weil es die Balance stört oder sogar schädlich ist.

- Diese Übung eignet sich hervorragend dazu, negative *Gedanken* loszulassen. Der einzige Unterschied ist, dass Sie statt unangenehmer Gefühle negative Gedanken oder Gedankengänge zulassen und dann loslassen. Manche finden es sogar leichter, mit dieser Übung Gedanken loszulassen. Andere finden, dass das Gefühle-Loslassen leichter ist.

- Lassen Sie sich von der Einfachheit der Übung nicht täuschen! Wiederholt angewendet ist es DIE effektivste Methode, um jede Form der Negativität zu beenden und in Balance zu sein.

- Nach dieser Übung empfiehlt es sich, die Übung *Selbstliebe 1* durchzuführen. Diese Übungen gehören zusammen. Im Grunde ist Selbstliebe der notwendige nächste Schritt nach dem Zulassen und Loslassen, um emotionale Verletzungen, die sehr oft unter den unangenehmen Emotionen versteckt sind, zu heilen.

2. Übung: Selbstliebe 1

Mit dieser Übung können Sie Gefühle der Selbstliebe finden und damit emotionale Wunden heilen. Wenden Sie diese Übung gleich nach der *Zulassen & Loslassen* Übung an.

1. **Entspannen Sie sich.** Gerade bei dieser Übung hilft es enorm, entspannt zu sein.

2. **Gefühle der Selbstliebe finden:**

- Diese Übung basiert auf der Tatsache, dass man nach dem Zulassen & Loslassen der unangenehmen Gefühle fast immer *automatisch* anfängt, angenehme und heilende Gefühle zu spüren.

- Schauen Sie also nach dem Loslassen, ob Sie irgendwelche neuen, leichteren, angenehmen Gefühle in sich spüren.

- Das angenehme Gefühl kann anfangs schwach und relativ schwierig zu finden sein. Sobald Sie es aber haben, halten Sie es für mindestens einpaar Minuten und lassen Sie das Gefühl dadurch stärker werden.

- Das neue Gefühl, das wir suchen, ist immer eine Variation der Selbstliebe. Deswegen suchen wir Gefühle, die sich anfühlen wie *liebevolle* Leichtigkeit, *liebevolle* Freude, *liebevoller* Frieden oder auch direkt das Gefühl der Liebe, Akzeptanz oder Anerkennung – die drei Formen der Selbstliebe, die verschiedene Wunden heilen.

- Da es hier um die Heilung von *emotionalen* Wunden geht, suchen wir heilende Gefühle auf der *emotionalen* Ebene – also keine physischen Gefühle des Körpers, wie physische Entspannung, physisches Wohlsein, und so weiter.

3. Emotionale Wunden heilen:

- Nachdem Sie das neue, angenehme Gefühl für einige Minuten gehalten haben und stärker werden ließen, sind Sie bereit für den nächsten Schritt: das Heilen der emotionalen Wunden.

- Oft ist es genug, das neue, angenehme Gefühl für mindestens 10-20 Minuten zu halten, um viele der schmerzenden emotionalen Verletzungen zu heilen.

- Effektiver ist es, das neue, angenehme Gefühl und die verletzte, schmerzende Stelle *gleichzeitig* zu spüren. Damit bringen Sie Selbstliebe und die Verletzung zusammen, so dass diese unmittelbar und schneller heilen kann.

- Mit anderen Worten, auch wenn Sie ein Gefühl der Selbstliebe spüren und halten, so kann es dennoch sein, dass Sie die verletzte, schmerzende Stelle mit dem Willen blockieren und verdrängen. Damit kann aber keine Heilung stattfinden.

- Das angenehme Gefühl der Selbstliebe, das automatisch nach dem Loslassen eines unangenehmen Gefühls hochkommt, ist meist *genau die richtige* Form der Selbstliebe, um die Verletzung unterhalb des unangenehmen Gefühls zu heilen. Sie müssen nur noch dieses Gefühl der Selbstliebe und die schmerzende Stelle zusammenbringen, damit die Heilung stattfinden kann.

- Am besten ist es, *zuerst* das angenehme Gefühl stärker werden zu lassen und erst dann anzufangen, die schmerzende Stelle *ebenfalls* zu fühlen. Sie werden merken, dass das angenehme

Gefühl sofort anfängt die schmerzende Stelle zu heilen, sobald Sie sich erlauben die schmerzende Stelle ebenfalls zu spüren.

- Je nach Größe der emotionalen Wunde müssen Sie das Gefühl der Selbstliebe zwischen 2 und 15 Minuten an der Wunde halten, um diese vollständig zu heilen.

Hinweise zur Übung:

- Das automatisch auftauchende angenehme Gefühl ist der *schnellste* Weg, um genau das *passende* Gefühl zu finden für die Heilung der schmerzenden Wunde unterhalb des losgelassenen, unangenehmen Gefühls.

- Das Gefühl der Liebe hat viele Variationen (liebevolle Freude, liebevolle Leichtigkeit, liebevoller Frieden). Die Gefühle der Selbst-Akzeptanz und Selbst-Anerkennung, die ebenfalls manche Wunden heilen, variieren nicht so stark darin, wie sie sich anfühlen. Meistens fühlt sich Akzeptanz ungefähr gleich an. So ist es auch bei dem Gefühl der Anerkennung.

Übung: Selbstliebe 2

Diese Übung ist eine Alternative zu der Übung *Selbstliebe 1*. Hier finden Sie weitere Methoden, um Gefühle der Selbstliebe zu finden und damit emotionale Wunden zu heilen.

Um eine emotionale Verletzung zu heilen, muss diese zuerst „freigelegt“ sein, denn sehr oft ist der emotionale Schmerz der Wunden versteckt hinter aufgestauten Emotionen wie Trauer oder Wut. Für diese Emotionen empfehlen wir die Übung *Zulassen & Loslassen*.

1. **Entspannen Sie sich.** Damit werden Sie offener für Ihre Gefühle.

2. **Gefühle der Selbstliebe finden:**

a) Erste Methode, um Gefühle der Selbstliebe zu finden:

- Die *direkteste* Methode, um ein bestimmtes Gefühl zu finden, ist es, die Gefühlsbezeichnung (z.B. „Liebe“ oder „geliebt sein“) als Sprungbrett zu benutzen, um sich an das Gefühl zu *erinnern* und es wieder zu fühlen.

- Konzentrieren Sie sich auf die Bezeichnung oder Beschreibung und schauen Sie, ob Sie anfangen, das entsprechende Gefühl wieder zu fühlen. Geben Sie sich dafür mindestens 1 bis 2 Minuten Zeit.

- Sobald Sie das Gefühl auch nur schwach fühlen, *halten* Sie es und lassen Sie es dadurch stärker werden:

- Sprungbrett-Wörter, um das Gefühl der Liebe zu finden: „Liebe", „geliebt sein", „Liebe spüren", „ich liebe mich", „ich werde geliebt".

- Sprungbrett-Wörter, um das Gefühl der Akzeptanz zu finden: „ich fühle Akzeptanz für mich selbst", „Gefühl des Akzeptiert-Seins", „ich fühle mich völlig akzeptiert", „Selbst-Akzeptanz fühlen".

- Sprungbrett-Wörter, um das Gefühl der Anerkennung zu finden: „ich tue das richtige", „ich fühle mich anerkannt", „Gefühl des Gelobt-Werdens".

b) Zweite Methode, um Gefühle der Selbstliebe zu finden:

- Eine weitere sehr effektive Methode, um das Gefühl der Liebe zu finden, ist es, sich an Personen, Dinge oder Orte zu erinnern, die Sie ohne Vorbehalt lieben. Konzentrieren Sie sich dann auf dieses liebevolle Gefühl.

- Beispiele: eine nahe Person, ein Haustier, ein bestimmter Ort, eine Tätigkeit oder Hobby, vielleicht sogar ein besonderer Gegenstand.

- Analog dazu kann man Gefühle der Akzeptanz und Anerkennung finden, indem man sich an Personen, Dinge oder Tätigkeiten erinnert, die man komplett akzeptiert oder für die man tiefe Anerkennung empfindet.

3. Emotionale Wunden heilen:

- Manche Wunden werden durch das Gefühl der *Liebe* geheilt, manche durch das Gefühl der *Akzeptanz* und wieder andere

Wunden nur durch das Gefühl der *Anerkennung* (vgl. dazu Kapitel 2).

- Heilung funktioniert nur durch das Zusammenbringen von heilenden Gefühlen und der verletzten, schmerzenden Stelle.

- Während Sie also das heilende Gefühl der Liebe, Akzeptanz oder Anerkennung halten, erlauben Sie sich, auch die emotional schmerzhafte Stelle stärker zu fühlen.

- Wie schon erwähnt, geht die Heilung bei manchen Wunden relativ schnell, während es bei anderen, größeren Wunden auch schon mal 5, 10 oder 20 Minuten dauern kann, bis die schmerzende emotionale Verletzung vollständig verheilt ist und Sie nicht mehr belästigt.

- Ob Liebe, Akzeptanz oder Anerkennung Ihren derzeitigen Schmerz heilt, kann man nur durch Ausprobieren herausfinden. Es empfiehlt sich, mit dem Gefühl der Akzeptanz anzufangen, weil dieses Gefühl auch dabei hilft, sich gegenüber der schmerzhaften Stelle zu öffnen und diese zuzulassen.

- Was ist der Unterschied zwischen Akzeptanz und Anerkennung? Bei der Akzeptanz geht es darum, *wie man **ist***. Bei der Anerkennung geht es darum, *was man **tut***. Generell ist das Gefühl der Akzeptanz eine Art komplettes Willkommen-Sein. Die Anerkennung dagegen ist das Gefühl der Würdigung und des Gut-Heißens von dem was man tut oder getan hat.

Hinweise zur Übung:

- Für den Erfolg dieser Übung ist es wichtig, möglichst keine Gefühle zu blockieren. Denn wenn Sie auch nur ein Gefühl blockieren (egal welches), blockieren Sie damit alle Gefühle, auch die der Selbstliebe.

- Das Blockieren der unangenehmen Gefühle geschieht meist „auf Autopilot“, als eine gelernte Reaktion aus der Kindheit. Solange Sie unangenehme Gefühle automatisch mit Ihrem Willen blockieren oder unterdrücken, ist es schwer, Gefühle der Selbstliebe zu finden.

- Daher empfiehlt es sich, die störenden Gefühle zunächst mit der *Zulassen & Loslassen* zu verarbeiten, um dann bereit und offen zu sein für Gefühle der Selbstliebe.

- Hinweis: Der Schmerz einer Wunde ist das *einzige* Gefühl, das man nicht mit der Übung Zulassen & Loslassen verarbeiten kann. Hier helfen nur die Übungen Selbstliebe 1 und Selbstliebe 2, die die Wunde heilen. Nur so wird man frei von dem emotionalen Schmerz.

- Es ist auch nicht ganz einfach zu beschreiben, wie sich emotionale Wunden anfühlen. Unterschiedliche emotionale Wunden fühlen sich unterschiedlich an. Allen Wunden gemeinsam ist, dass sich diese *unangenehm bis sehr unangenehm* anfühlen.

- Emotionale Wunden können sich anfühlen wie:
    - emotionaler Schmerz in verschiedenen Formen und „Farbgebungen“
    - ein Gefühl tiefer Hoffnungslosigkeit oder Einsamkeit
    - eine Art emotionales Loch, das verzweifelt geliebt, akzeptiert oder anerkannt werden möchte

Übung: Überzeugungen ändern

Mit dieser Übung können Sie falsche Überzeugungen finden und ändern. Oft sind falsche Überzeugungen verantwortlich für unnötiges Leiden.

Die problematischsten falschen Überzeugungen entstehen in der Kindheit aus ähnlichen Gründen wie emotionale Wunden. Immer dann, wenn unsere Eltern uns nicht genügend Zuneigung, Aufmerksamkeit oder Verständnis gaben, *folgerten* wir als Kinder daraus, dass wir, so wie wir sind, weder liebenswert noch in Ordnung sind.

Ein großes Problem hierbei ist, dass aus diesen frühkindlichen „Fehlinterpretationen" nach und nach ein festes Glaubenssystem entsteht, nach dessen oft völlig falschen Annahmen (Überzeugungen) wir dann auch im Erwachsenenalter leben.

Die meisten von uns sind *gewohnheitsmäßig* viel zu hart, abwertend und lieblos sich selbst gegenüber, eben aufgrund dieser Überzeugungen aus der Kindheit, dass wir nichts besseres verdienen, schlecht seien, usw.

Die falschen Überzeugungen können also *viel Leid* mit sich bringen, denn sie bestimmen unser Denken und auch unser Handeln. Mit den resultierenden Verhaltensweisen wie Strenge, Selbstabwertung, Sturheit, Lieblosigkeit bestrafen wir uns im Grunde nur selbst.

Solange wir nicht danach suchen, sind wir für unsere eigenen Überzeugungen „blind", eben weil wir fast schon *felsenfest* von diesen Dingen überzeugt sind. Oft ist es schwer sich vorzustellen, dass man Dinge auch anders sehen kann und dass eine andere Sichtweise viel hilfreicher sein kann.

Ganz entscheidend beim Liebeskummer ist es, wie sehr wir glauben, den Ex-Partner zu benötigen. "Reden" wir uns ein, ohne diesen einen Partner nicht leben zu können oder nicht glücklich sein zu können, dann klammern wir uns und der Liebeskummer dauert länger.

Andere Überzeugungen führen dazu, dass wir zum Beispiel sehr hohe Erwartungen in unseren Partner setzen. Dieser soll dafür zuständig sein, dass wir uns glücklich und geliebt fühlen, d.h. wir übertragen ihm die Verantwortung für unser Wohlbefinden. Dies bedeutet aber wiederum, wenn er geht, glauben wir, nicht liebenswert zu sein, bzw. nie mehr glücklich sein zu können.

Eine Änderung der Überzeugungen kann hierbei helfen.

1. Schritt: Falsche Überzeugungen <u>finden</u>

a) Erste Möglichkeit

Negative Überzeugungen beginnen häufig mit den folgenden Worten:

- Ich *muss* ...
- Ich *darf nicht* ...
- Ich bin leider *immer* ...
- Ich werde es *nie* schaffen ...

Schauen Sie sich also an, was Sie glauben tun zu müssen, nicht tun zu dürfen, nicht tun zu können. Hierbei geht es darum, zu schauen, wie wir uns ganz persönlich selbst einschränken und welche Gründe wir dafür anführen, falls uns jemand danach fragen sollte.

Auch hier hilft es, wenigstens einmal eine unzensierte Liste zu erstellen. Man wundert sich nicht selten, wie hilfreich das Aufschreiben solcher Dinge sein kann, um Licht in die eigenen negativen Überzeugungen zu bringen.

b) Zweite Möglichkeit

Stellen Sie sich direkt die Frage: *Was stimmt nicht mit mir?* Erstellen Sie am besten eine Liste, wiederum ohne Zensur, denn Sie schreiben das ja nur für sich selbst auf, um Klarheit zu schaffen. In dieser Liste können beispielsweise körperliche Merkmale auftauchen (Beispiel: „bin zu dick"), persönliche Charakterzüge (Beispiel: „bin zu unsicher") oder auch Verhaltensweisen (Beispiel: „rede zu viel / zu wenig").

Schauen Sie sich die Liste Ihrer persönlichen Antworten durch. Vieles davon sind negative Überzeugungen, die Sie irgendwann als eine „unabänderliche Wahrheit" akzeptiert haben. In den allermeisten Fällen sind negative Überzeugungen aber meilenweit von der Wahrheit enfernt – sogar solche, die Ihnen vielleicht völlig gerechtfertigt erscheinen.

2. Schritt: Überzeugungen ändern

a) Mit Hilfe der Vorstellungskraft

Eine sehr gute Möglichkeit, um negative Überzeugungen zu ändern, ist der gezielte Einsatz der Vorstellungskraft. Das ist viel effektiver und viel einfacher, als oft angenommen wird.

Die Macht bildlicher Vorstellungen ist so groß, dass Verstand und Körper darauf oft wie auf *tatsächliche*, in der Realität stattfindende Ereignisse reagieren. Diese Tatsache machen wir uns in dieser Übung zunutze.

Es geht darum, die Erfahrung zu machen, dass etwas anderes als die Sichtweise der negativen Überzeugung wahr sein kann.

Beispiel: *„Ich brauche ihn/sie so sehr.“* (Überzeugung)

Lösung: Stellen Sie sich bildlich vor, das Leben komplett ohne Ihren Ex-Partner zu führen und trotzdem alles zu haben, was Sie wollen, ob materiell oder hinsichtlich Beziehungen und geliebt zu werden. Wie würde das ausssehen? Was würden Sie machen? Wie fühlt sich das an?

Lassen Sie vor allem die *Gefühle* zu, denn es gilt, das Gesehene auch auf der emotionalen Ebene als eine wahre Möglichkeit zu erfahren.

Beispiel: *„Ich bin ein Versager, nicht gut genug.“* (Überzeugung)
Lösung: Stellen Sie sich bildlich vor, wie es sich anfühlt, all die Dinge zu erreichen, die Sie sich wünschen. Je mehr Sie in das Gefühl reingehen, desto besser.

Diese relativ simple Übung kann in der Umsetzung durchaus auf unsere inneren Widerstände stossen („Das bringt ja nichts / Zeitverschwendung / etc.“). Es geht darum, zumindest bei *einer* negativen Überzeugung die Erfahrung zu machen, dass diese schwächer wird und somit geändert werden kann. Danach ist es einfacher, die Übung zu wiederholen und andere Überzeugungen zu ändern.

Im Grunde setzen Sie durch den Einsatz der Vorstellungskraft Ihren Willen auf der mentalen und emotionalen Ebene dazu ein, die negative Überzeugung zu ändern bzw. loszulassen und mit etwas Nützlicherem zu ersetzen.

b) Mit Hilfe der Erwachsenensichtweise

Viele unserer negativen Überzeugungen entstanden in der frühen Kindheit, oft zusammen mit den emotionalen Wunden. Wenn die negativen Überzeugungen nun hochkommen, dann fallen wir dabei oft zurück in die *kindlichen Denkweisen* („Niemand mag mich", „Ich bin einfach nicht gut genug", usw.). Die Psychologen sprechen hierbei von einer *Regression* auf die kindliche Bewußtseinsstufe.

Wenn solche negativen Gedanken hochkommen, so kann es sehr hilfreich sein, *bewußt* die Erwachsenensichtweise zu wählen. Das verändert nach und nach die kindlichen Überzeugungen, auf denen die negativen Gedanken beruhen.

Wenn Sie sich beispielsweise einreden, niemand würde Sie mögen, dann führen Sie sich klar vor Augen, dass es unter den Millionen und Milliarden Menschen sehr, sehr viele gibt, die Sie mögen würden, wenn Sie sie kennenlernen würden. Es gibt immer irgend jemanden, der einen mag.

Genauso sollte mit anderen kindlichen Denkweisen verfahren werden. Beispiele:

KINDLICHES DENKEN

„Ich werde immer allein sein."

ERWACHSENENREALITÄT

Jeder Mensch ist im Laufe seines Lebens manchmal allein, aber „immer" allein sein ist äußerst selten.

KINDLICHES DENKEN

„Ich kann ja doch nichts ändern."

ERWACHSENENREALITÄT

In den meisten Fällen gibt es für das, was uns stört, Lösungen. Persönliches Wachstum ist genauso möglich wie verändertes Verhalten.

KINDLICHES DENKEN

„Ich bin einfach nicht gut genug."

ERWACHSENENREALITÄT

Keiner ist perfekt und das müssen wir auch nicht sein. Es gibt immer Menschen, die einen mögen. An den eigenen Schwächen kann man arbeiten.

KINDLICHES DENKEN

„Ich werde es nie überwinden, dass …"

ERWACHSENENREALITÄT

Auf der emotionalen Ebene kann man alles verarbeiten und überwinden.

KINDLICHES DENKEN

„Ich halte diese Gefühle nicht aus."

ERWACHSENENREALITÄT

Die schmerzhaften Gefühle konnten wir als Kinder nicht aushalten und verarbeiten, als Erwachsene dagegen schon.

Hinweis zur Übung:

Es hilft, diese Übung dann zu machen, wenn es Ihnen etwas besser geht und Sie nicht gerade von negativen Gefühlen überwältigt sind, die Sie verarbeiten müssen.

Übung: Ex-Partner loslassen

Das absichtliche Loslassen des Ex-Partners kann einer der wichtigsten Schritte auf dem Weg zur Überwindung des Liebeskummers sein.

Normalerweise ist diese Übung eher nicht für die Anfangsphase nach einer Trennung geeignet. Da müssen zunächst die hochgekommenen negativen Gefühle, Wunden und quälenden Gedanken verarbeitet werden. Das erfordert Kraft. Erst wenn das anfängliche Leiden etwas nachlässt, empfielt es sich, diese Übung zu machen.

Teil 1: Vorbereitung

Beim Loslassen können unsere Überzeugungen eine wichtige Rolle spielen: wie sehr wir glauben, den Ex-Partner zu brauchen, ob wir uns ein Leben als Single oder mit einem anderen Partner vorstellen können, usw. Die Übung *Überzeugungen ändern* kann ebenso dabei helfen, das eigentliche Loslassen des Ex-Partners vorzubereiten, wie auch die Übung *Idealisierung des Ex-Partners beenden.*

Was außerdem enorm beim späteren Loslassen des Ex-Partners hilft, ist das Wegräumen von allem, was an den Ex-Partner erinnert. Falls Sie manche Dinge nicht wegräumen oder ganz loswerden können, die Sie an die alte Beziehung erinnern, so sollten Sie zumindest die Dinge verändern. Beispiele: Neue Vorhänge für die Wohnung, Möbel umstellen, andere Kleider... In schwierigen Fällen kann sogar eine andere Wohnung oder ein Ortswechsel sinnvoll sein.

Beim Loslassen hilft es außerdem, sich zu vergegenwärtigen, dass das Gefühl des verzweifelten Vermissens *nicht* bedeutet, dass man den Ex-Partner liebt. Es ist ein häufiger Irrtum, das verzweifelte Vermissen mit Liebe zu verwechseln. Das Vermissen stammt zum allergrößten Teil aus alten emotionalen Verletzungen, die lediglich durch die Trennung wieder hochgekommen sind und im Grunde nichts mit dem Ex-Partner zu tun haben.

Je mehr Sie die hochgekommenen unangenehmen Emotionen verarbeiten und die schmerzhaften Wunden heilen, desto schwächer wird das Gefühl des verzweifelten Vermissens und desto einfacher wird das Loslassen des Ex-Partners.

Teil 2: Loslassen des Ex-Partners

Möglichkeit 1: Direkte Entscheidung

Sie können direkt den Entschluss treffen, loszulassen und nicht mehr zusammen mit dem Ex-Partner sein zu wollen. Manchmal funktioniert diese direkte Methode überraschend gut. Es kann hierbei helfen, sich die Vor- und Nachteile der Beziehung zu vergegenwärtigen, vielleicht sogar eine Liste zu erstellen und dann die Entscheidung zu treffen.

Es kann auch helfen, sich zu fragen: „Ist es genau diese Person, die ich will, oder ist es nur der Schmerz des Verlassenwerdens, den ich mit einer Person stillen möchte?“ Seien Sie brutal ehrlich mit sich selbst bei diesen Fragen und bei der Entscheidung.

Vielleicht hilft Ihnen auch diese Technik:
Ich habe auch vor kurzem eine Trennung hinter mir. Bei mir hat es geholfen, dass ich mir immer, wenn er mir wieder in den Sinn kam, gedacht habe, dass es einfach im Moment nicht funktioniert, aber dass, wenn er der Richtige war, wir irgendwann zu einem besseren

Zeitpunkt wieder zusammen kommen. Ich finde, das hilft, weil es dann nicht so endgültig ist, auch wenn ihr trotzdem nie wieder zusammen kommt. Vertraue darauf, dass es jetzt richtig so ist.

Gerade wenn man verlassen wurde, ist das Loslassen des Ex-Partners sehr schwer. Es erscheint fast wie Resignation, als würde man sein Einverständnis zur schmerzvollen Trennung geben.

Auch wenn man den Ex-Partner zurückgewinnen möchte, ist es von Vorteil, ihn oder sie erstmal innerlich loszulassen. Das ist nicht nur deswegen von Vorteil, weil das innerliche Festklammern am Partner emotionalen Schmerz verursacht und uns leiden lässt. Es ist auch so, dass man den Ex-Partner am ehesten zurückgewinnt, wenn man nach einer Wiederaufnahme des Kontakts diesen nicht durch das eigene Klammern oder die emotionale Bedürftigkeit abstösst.

Es gibt dazu diesen sehr treffenden Spruch:
„Was du liebst, lass frei. Kommt es zurück, gehört es dir - für immer.“

Möglichkeit 2: Loslassen mit Hilfe der Vorstellungskraft

Es kann enorm helfen, noch bestehende psychologische Abhängigkeiten bildlich zu zerschneiden und loszulassen. Die Vorstellungskraft ist ein Hilfsmittel, um Ihren Willen dazu einzusetzen, die psychologische Anhaftung loszulassen.

Konzentrieren Sie sich zunächst auf das Gefühl, immer noch mit Ihrem Ex-Partner verbunden zu sein oder eine Verbindung zu wollen. Schließen Sie dann die Augen und stellen Sie sich vor, wie Sie und Ihr Ex-Partner mit einem Strang oder einer festen Schnur verbunden sind. Dann nehmen Sie bildlich eine Schere und zerschneiden den Strang.

Das Zerschneiden kann sich kurzzeitig unangenehm anfühlen, dann setzt aber ein befreiendes Gefühl ein, endlich losgelassen zu haben.

Wiederholen Sie das Zerschneiden mehrmals und im Abstand von einigen Tagen, um den Effekt dieser Übung zu verstärken und vollständig loszulassen.

Möglichkeit 3: Abschließende Worte für den Ex-Partner

Schließen Sie die Augen und stellen Sie sich vor, dass Ihr Ex-Partner sich vor Ihnen befindet. Probieren Sie aus, welche Dinge Sie Ihrem Ex-Partner sagen möchten, um einen endgültigen Schlussstrich unter die Beziehung zu ziehen.

Übung: Idealisierung des Ex-Partners beenden

Bei dieser Übung geht es darum, die Idealisierung und Glorifizierung des Ex-Partners zu beenden und die damit verbundenen Selbstabwertungen und Selbstvorwürfe zu stoppen.

1. Möglichkeit: Realistisches Bild der Beziehung schaffen

Um sich ein realistisches Bild der Beziehung zu schaffen, sollten Sie sich vor allem die Dinge ins Gedächtnis zurückrufen, die Sie an der Beziehung gestört haben. Es kann helfen, sich absichtlich an alle negativen Eigenschaften des Ex-Partners zu erinnern, denn bei einer Idealisierung des Ex-Partners neigt man dazu, diese zu „vergessen".

Wenn Sie entdeckt haben, dass Sie die vergangene Beziehung und Ihren Ex-Partner idealisieren, aber Schwierigkeiten damit haben, dieses selbstabwertende Verhalten zu beenden, dann kann es sogar helfen, den Ex-Partner auch als schlimmer zu sehen als er oder sie wirklich war. Im Rahmen dieser Übung kann das nützlich sein.

Dabei sollten Sie aber auf keinen Fall abgleiten in Hass oder Rache-Gedanken. Es geht darum, die verklärte und beschönigende (sich selbst belügende und herabsetzende) Sichtweise mit einer realistischeren Sicht der Beziehung zu ersetzen.

2. Möglichkeit: Gedankengänge loslassen

Da es sich bei der Idealisierung des Ex-Partners um negative Gedankengänge handelt, können Sie diese mit der *Zulassen & Loslassen* Übung auch direkt loslassen.

3. Möglichkeit: Mit Hilfe anderer Übungen

Oft sind negative Überzeugungen einer der Hauptgründe für die Idealisierung des Ex-Partners und die damit resultierende Selbstabwertung. Beispiele: „Ich kann ohne sie/ihn nicht leben", „Ich werde niemals jemanden finden, der so gut ist", „Ich bin nicht gut genug". Nutzen Sie hierfür die Übung *Überzeugungen ändern.*

Daneben sind es natürlich auch die emotionalen Verletzungen und unangenehmen Gefühle, die dazu führen, dass man sich ein verklärtes Bild der Beziehung schafft. Je mehr Sie sich emotional heilen, desto mehr nimmt das Bedürfnis nach Idealisierung des Ex-Partners ab.

Übung: Intensität nutzen

Diese Übung ist eine Alternative zur Zulassen & Loslassen Übung. *„Intensität nutzen“* ist eine Übung für Fortgeschrittene. Durch das Zusammenbringen von positiven und negativen Gefühlen wird nämlich eine **Intensität** geschaffen, die das Negative schnell verarbeitet, aber relativ schwierig auszuhalten ist.

Bei dieser Übung geht es also darum, zuerst ein positives Gefühl zu finden und es dann mit einem störenden, negativen Gefühl zusammenzubringen. Es geht ferner darum, das positive und das negative Gefühl für mindestens einpaar Minuten gleichzeitig zu fühlen.

Wenn es sich *intensiv* anfühlt, dann machen Sie es richtig. Diese Intensität, die schwer auszuhalten ist, ist das, was im Rekordtempo das negative Gefühl verarbeitet.

* * *

Speziell für diese Übung ist es meist am effektivsten, die positiven Gefühle auf die folgende Weise zu finden:

1. Stellen Sie sich vor, dass Sie das, was Sie sich wünschen, erreicht haben. Das kann materiell sein, Reisen, Beziehungen, Liebe. Schränken Sie sich nicht ein, und lassen Sie ganz spontane Bilder vor Ihrem inneren Auge erscheinen, wie es wäre, wenn Sie dieses Ziel erreichen, wenn also einer Ihrer grossen Wünsche in Erfüllung geht.

   Lassen Sie auch die Gefühle zu: *wie es sich anfühlen würde, das in Ihrem Leben zu haben, was Sie sich wünschen.* Genau diese Gefühle sind es, die in dieser

Übung am wichtigsten sind. Sobald Sie auch nur ansatzweise spüren, wie es sich anfühlen würde, lassen Sie das Gefühl stärker werden, indem Sie sich darauf konzentrieren.

2. Jetzt geht es nur noch darum, ein unangenehmes, negatives Gefühl, das gerade da ist, zuzulassen und es gleichzeitig mit dem positiven Gefühl zu spüren. Sie werden merken, dass das Zusammenbringen des positiven und des negativen Gefühls sich sofort intensiv anfühlt. Es ist schwierig, diese Intensität auch nur für 10 Sekunden am Stück auszuhalten.

Hinweis: Der erste Teil dieser Übung kann als eigenständige Übung angewendet werden. Es ist einer der wirksamsten Wege, um die eigene Stimmung auf ganz natürliche Weise nachhaltig zu verbessern. Probieren Sie es aus!

Weitere Vorteile dieser Übung:

Mit dieser Übung werden negative, unangenehme Gefühle ziemlich schnell verarbeitet. Viele finden, dass diese Übung besonders bei Wut, aber auch bei Depression oder Trauer manchmal besser funktioniert als die Zulassen & Loslassen Übung.

Zu einem gewissen Grad werden durch die *Intensität* auch Wunden geheilt, besonders dann, wenn es sich bei den positiven Gefühlen, die für die Intensität sorgen, um liebevolle, akzeptierende oder anerkennende Gefühle handelt.

* * *

Die Psychogen erklären die überaus hohe Effektivität dieser Übung mit der sogenannten „kognitiven Dissonanz“. Dabei handelt es sich um eine Besonderheit der menschlichen Psyche: Man kann nicht ein bestimmtes Gefühl zusammen mit einem anderen, *unvereinbaren* Gefühl lange aufrechterhalten. Diese Tatsache wird dazu eingesetzt, um negative Gefühle mit unvereinbaren, positiven Gefühlen zu verändern und neutralisieren.

Bei der „kognitiven Dissonanz" handelt es sich um die Spannung oder Intensität, die bei einer solchen Unvereinbarkeit von zwei Emotionen auftritt. Man könnte diese Übung also auch *„Kognitive Dissonanz nutzen"* nennen statt *„Intensität nutzen"*.

Ein befreiendes Gefühl und verbesserte Stimmung sind durch die gewissenhafte Anwendung dieser Übung vorprogrammiert. Ein anderer Grund, warum diese Übung funktioniert und zum Verbessern der Stimmung eingesetzt werden kann, ist folgender:

Viele Studien beweisen, dass Menschen, egal ob arm oder reich, krank oder gesund, immer die Wahl haben, wie sie sich innerlich fühlen.

Ein zusätzlicher Vorteil dieser Übung ist, dass diese auch zum Ändern negativer Überzeugungen eingesetzt werden kann: Wenn man sieht und fühlt, dass etwas wünschenswertes schon da ist, können die alten selbsteinschränkenden Überzeugungen nicht aufrechterhalten werden. Dabei spielt es keine Rolle, das das Gesehene sich nur vor unserem inneren Auge abspielt.

Kapitel 4: 20 Tipps gegen Liebeskummer

Tipp #1: Erste drei Kapitel anwenden

Dieses Kapitel enthält zusätzliche Tipps, die Ihnen helfen können, den Liebeskummer schneller zu überwinden. Die wichtigsten Tipps und Übungen befinden sich aber in den ersten drei Kapiteln dieses Buches. Dort erfahren Sie nämlich, was Sie gegen die drei Hauptursachen des Liebeskummers tun können.

Tipp #2: Physische, emotionale und mentale Bedürfnisse

Einer der Hauptratschläge, den man oft hört, ist: Seien Sie gut zu sich selbst. Das ist tatsächlich ein guter Ratschlag, doch was bedeutet das konkret?

Gut zu sich selbst zu sein bedeutet vor allen Dingen, die eigenen Bedürfnisse zu achten. Hier sind einige Beispiele für physische, emotionale und mentale Bedürfnisse, die während des Liebeskummers oft zu kurz kommen.

Physische Bedürfnisse:

- Entspannung
- Essen
- Bewegung
- Hygiene

Emotionale Bedürfnisse:

- Freundschaften, Kontakt mit Menschen – wird dieses Bedürfnis nicht erfüllt, ist Einsamkeit die Folge
- Emotional angenehme Dinge tun, wie Musik hören, in die Natur gehen, einen guten Film anschauen
- Liebevolles umgehen mit sich selbst und anderen

- Da wir soziale Wesen sind, gehört das Empfangen von Liebe, Akzeptanz und Anerkennung von anderen Menschen zu unseren natürlichen Bedürfnissen

Mentale Bedürfnisse:

- Ruhe und mentale Entspannung
- Nicht zu viel nachdenken
- Neue Aufgaben, Pläne, Ziele und wie man diese konkret umsetzen kann

Je mehr Sie diese und andere Bedürfnisse erfüllen, um so mehr werden Sie in Balance sein. Dann ist es auch einfacher, den Liebeskummer zu überwinden – denn physische, emotionale und mentale Balance ist die beste Ausgangslage dafür.

Die Erfüllung der eigenen Bedürfnisse ist eines der wichtigsten Hilfsmittel, um Liebeskummer schnell zu überwinden. Gerade wenn wir unsere Bedürfnisse *nicht* erfüllen, kommt der emotionale Schmerz um so stärker hoch.

Tipp #3: Bewegung verbessert die Stimmung

Es sollte nicht unterschätzt werden, wie sehr regelmäßige Bewegung gegen Liebeskummer helfen kann. Schon allein aus physiologischen Gründen werden Sie sich mit ausreichender Bewegung besser fühlen.

Schnelle Spaziergänge, etwa 2-3 die Woche sind dabei ausreichend. Laufen, Fahrradfahren, Team-Sport oder ein Besuch im Fitness-Studio sind noch effektiver.

Zu den physiologischen und chemischen Zusammenhängen:

Bei akutem Liebeskummer versiegt nicht nur die Produktion von Serotonin, sondern auch die Blutkonzentrationen anderer „Glückshormone“ wie Dopamin und Phenylethylamin (PEA) sacken buchstäblich in den Keller. Das hat unter anderem der französische Arzt Dr. Michel Odent erkannt.

„Liebeskummer ist folgerichtig als Entzugssyndrom zu interpretieren“.

Entzugssyndrome sind aber nur die eine Seite des akuten Liebeskummers. Während die Körperchemie sich bei der Produktion von Glückshormonen ***quasi im Streik*** *befindet, werden Stresshormone wie Adrenalin, Noradrenalin und Cortisol nunmehr im Überschuss gebildet. Die Folge: Die Betroffenen reagieren aggressiv und gereizt.*

„Ziehen sich derartige Stresszustände über Wochen und Monate hin, ohne dass sich der Organismus abreagieren kann, schaukeln sich die Symptome immer weiter auf“, warnt die Rottweiler Ärztin Dr. Martha Ritzmann-Widderich.

(Quelle: Diagnose Liebeskummer, Rolf Froböse)

Es geht also darum, beim Liebeskummer durch genügend körperlicher Bewegung:

1) die Stresshormone abzubauen,

2) die „Glückshormone“-Produktion wieder anzuregen und

3) damit eine bessere Stimmung zu bekommen.

Es geht jetzt ausdrückich *nicht* darum, fitter zu werden! Das chemische Gleichgewicht muss wiederhergestellt werden – eine wichtige Voraussetzung, um den Liebeskummer schneller zu überwinden.

Es geht ganz sicher auch *nicht* darum, sich selbst zu bestrafen. Wählen Sie etwas, das Ihnen zusagt und womöglich Spaß macht, um sich genügend zu bewegen.

Tipp #4: Am besten kein Kontakt zum Ex-Partner

Eine der wichtigsten Voraussetzungen für eine schnelle Überwindung des Liebeskummers ist, dass der Kontakt zum Ex-Partner in den ersten Wochen nach der Trennung möglichst komplett eingestellt wird. Es wird normalerweise zu einer Kontaktsperre geraten, die mindestens 60 Tage dauert.

Warum sollte der Kontakt überhaupt eingestellt werden?

Der Hauptgrund ist, dass jeder Kontakt zum Ex-Partner den Liebeskummer neu aufflammen lässt. Es ist, als würde man Salz in eine offene Wunde schütten.

Laut Umfragen bereuen es die meisten nachträglich, den Kontakt zum Ex-Partner nicht eher abgebrochen zu haben. Es macht die Trennung einfach viel schwieriger, wenn der Kontakt bestehen bleibt.

Können wir denn nicht Freunde bleiben?

Der Versuch einer Freundschaft zum Ex-Partner oder zur Ex-Partnerin scheitert meistens daran, dass viel zu viel emotionaler Schmerz nach einer Trennung im Spiel ist.

Eine wirkliche Freundschaft kann es erst dann geben, wenn man sich gegenseitig wirklich losgelassen hat und auch kein Problem damit hat, dass der Ex-Partner dann mit jemand anderem zusammen ist.

Der Wunsch nach einer Freundschaft ist in der Zeit nach der Trennung oft extrem groß.

In den meisten Fällen ist es einfach die Bedürftigkeit der emotionalen Wunden, die nach der Trennung hochkommen und schmerzen. Man versucht dann verzweifelt, den Schmerz zu stillen, indem man doch noch etwas Aufmerksamkeit vom Ex-Partner bekommt.

Natürlich kann das keine wirkliche Lösung sein. Heilen Sie den emotionalen Schmerz durch Selbstliebe – dann und nur dann, ist dieses Problem ein für alle mal gelöst.

* * *

Es *ist* schwer, den Kontakt abzubrechen. Die emotionalen Wunden werden danach schreien und in dieser Zeit ist es wichtig, die Tipps und Übungen zum Heilen der schmerzhaften, alten Verletzungen anzuwenden (vgl. Kapitel 2).

Fragen Sie sich immer wieder:

Wieso sollten ich mit jemandem reden wollen, der oder die mir gerade das Herz gebrochen hat?

Hilfreich ist es auch, sich zu sagen:

Vielleicht kommen wir ja auch wieder zusammen, aber jetzt ist es besser, erstmal keinen Kontakt zu haben.

Als Teil der Kontaktsperre sollten auch Facebook-Updates des Ex-Partners u.ä. möglichst nicht mehr gelesen werden, denn auch das lässt den Liebeskummer wieder aufflammen.

Das natürliche Bedürfnis nach Kontakt sollte so gut es geht durch Freunde und Bekannte, Familie, Selbsthilfe-Gruppen, Online-Foren usw. erfüllt werden. Alles was hilft, hat seine Berechtigung.

Tipp #5: Weg mit allem, was an Ex erinnert!

Nicht nur direkter Kontakt mit dem Ex-Partner verlangsamt die Überwindung des Liebeskummers, sondern auch all die Dinge um einen herum, die an den Ex-Partner und die vergangene Beziehung erinnern.

Erfahrungsgemäß gibt es immer sehr vieles, das einen auf die eine oder andere Weise an den Ex-Partner erinnert: Musik, bestimmte Orte, Kleider, Gegenstände in der Wohnung.

Das Problem hierbei ist, dass diese Dinge, die Sie an den Ex-Partner erinnern, sehr oft „Auslöser" für Gefühle des Liebeskummers sind. Es hilft, diese Auslöser auf ein Minimum zu begrenzen, um nicht ständig an die vergangene Beziehung erinnert zu werden.

Liebeskummer ist auch so schwierig genug zu überwinden. Man muss es sich also nicht noch schwieriger machen, indem man sich weiterhin mit Erinnerungsstücken umgibt.

Gerade zuhause sollten Sie dafür sorgen, dass so wenig wie möglich Sie an die vergangene Beziehung erinnert. Räumen Sie all die Dinge weg, die Sie am meisten an den oder die Ex erinnern. Was außerdem sehr hilft, ist eine Umstellung der Möbel.

Auch andere kleine Veränderungen können große Wirkung zeigen: kaufen Sie zum Beispiel neue Vorhänge.

Seien Sie kreativ bei der Sache und schaffen Sie sich so eine persönliche Oase der Erholung zuhause. Das kann bei der Überwindung des Liebeskummers gar nicht hoch genug eingeschätzt werden.

Indem Sie alles wegräumen oder verändern, was Sie an die vergangene Beziehung erinnert, schaffen Sie im wahrsten Sinne des Wortes „Platz für das Neue" in Ihrem Leben.

Mit der Veränderung der unmittelbaren Umgebung schaffen Sie sich *neue* Schlüsselreize, die frische Gefühle in Ihnen hervorrufen werden (statt quälender Gefühle und Gedanken).

Tipp #6: Unterstützung durch Freunde

Freundschaften sind eines der besten Hilfsmittel bei der Überwindung des Liebeskummers.

Versuchen Sie grundsätzlich, so oft Sie können, zusammen mit Freunden und Bekannten Spaß zu haben. Frischen Sie alte Freundschaften auf, die womöglich während der Beziehung zu kurz gekommen sind.

* * *

Es ist auch sehr hilfreich, sich *einen* seiner Freunde auszusuchen, den man um Unterstützung beim Durchgehen durch die Phase des Liebeskummers bittet. Das ist viel besser, als seinen Kummer in *jeden* Lebensbereich und zu allen hinauszutragen.

Es kann zwar durchaus schwierig sein, einen Freund um Unterstützung zu bitten. Insbesondere Männern fällt es oft schwer, diesen Schritt zu gehen.

Ein guter Freund wird sich aber *geehrt* fühlen, dass Sie ihn oder sie ausgesucht haben und wird gerne bereit sein, Sie zu unterstützen. Insbesondere Freunde, die selber durch die Qual des Liebeskummers hindurchgegangen sind, werden sich leicht in Sie hineinversetzen können.

Tatsächlich ist es eine der grossen Freuden im Leben, einem Freund in Not zur Seite zu stehen und durch die schwierige Zeit hindurch zu unterstützen! Ob durch die Bereitschaft, mit Ihnen am Telefon zu sprechen, wenn es Ihnen sehr schlecht gehen sollte, oder auch indem man sich trifft und Dinge zusammen unternimmt.

* * *

Der Heilungsprozess, wie in Kapitel 2 beschrieben, sollte auf jeden Fall durch irgendeine Form zwischenmenschlicher Kontakte unterstützt werden. Ein relativ grosser Teil des Liebeskummers ist nämlich das *Gefühl der Einsamkeit.*

Diese Einsamkeit wird einerseits hervorgerufen, weil ein tiefer zwischenmenschlicher Kontakt abgerissen ist – andererseits können auch emotionale Verletzungen aus der Kindheit das Gefühl der Einsamkeit hervorrufen.

Wunden müssen geheilt werden und der abgerissene zwischenmenschliche Kontakt muss durch Freunde, Familie oder auch durch Dating ersetzt werden.

Tipp #7: Selbsthilfegruppen und Foren

Selbsthilfegruppen und Online-Foren können ebenfalls zur Unterstützung beim Überwinden und Verarbeiten des Liebeskummers genutzt werden.

Die Verfügbarkeit von passenden Selbsthilfegruppen ist von Ort zu Ort unterschiedlich. Neben Selbsthilfegruppen speziell zur Unterstützung in Trennungssituationen kann man in vielen Fällen auch auf thematisch ähnliche Gruppen ausweichen, wie beispielsweise Bewältigung von Depressionen.

Die einfachste Möglichkeit, von jedem Ort aus Unterstützung zu bekommen, sind Online-Foren. Im Anhang finden Sie Links zu einigen der qualitativ hochwertigsten Online-Foren für die Überwindung des Liebeskummers.

Ob Selbsthilfegruppe oder Online-Forum: es hilft sehr, mit anderen Kontakt zu haben, die durch eine ähnliche Phase hindurchgehen.

Ein Online-Forum hat dabei sowohl Vor- wie auch Nachteile. Einerseits ist es viel schneller und einfacher, sich über ein Forum auszutauschen – und es ist anonym. Die Hemmschwelle ist also deutlich geringer als eine Selbsthilfegruppe aufzusuchen.

Andererseits kann ein Online-Forum den zwischenmenschlichen Kontakt in Person nicht wirklich ersetzen. Dennoch ist es besser als gar nichts. Das Problem des Sich Isolierens während des Liebeskummers tritt bei Männern öfter auf als bei Frauen.

Tipp #8: Traditionelle Therapien

Nur Sie können emotionalen Wunden in *Ihrem* Inneren heilen. Allerdings ist auch Unterstützung von außen sehr wichtig und sinnvoll. Dazu kann neben Freunden, Selbsthilfegruppen oder Online-Foren auch ein guter Therapeut gehören.

Insbesondere in schweren Fällen des Liebeskummers ist es unbedingt ratsam, auf die Hilfe eines erfahrenen Therapeuten zuzugreifen. Bei schweren Fällen der Depression und ähnlichen Beschwerden werden die Kosten der Therapie meistens von den Krankenkassen übernommen.

Jemand, der einem zuhört und dem man sich anvertrauen kann, ist eine große Hilfe. Die Gesprächstherapie ist nach wie vor das wichtigste Instrument der Psychotherapie.

Falls Sie sich für eine Psychotherapie entscheiden, dann achten Sie bei der Auswahl des Therapeuten darauf, ob Sie bei diesem ein gutes Gefühl haben. Zögern Sie nicht, den Therapeuten zu wechseln, auch wenn es zusätzliche Wartezeit bedeutet. Es gibt qualitativ sehr große Unterschiede zwischen den Therapeuten.

Nach unserer Erfahrung gibt es theoretisch orientierte Therapeuten, die lediglich ihr Wissen aus der Uni anwenden. Solche Therapeuten sind weniger hilfreich. Es gibt aber auch Therapeuten, die aus *persönlicher Erfahrung* wissen, wie man emotionale Probleme überwindet. Am allerbesten hierbei ist es, wenn der Therapeut seine eigenen Wunden und Probleme aus der Vergangenheit zu einem erheblichen Teil aufgearbeitet hat.

Als Alternative zu Psychotherapeuten können Sie auch die Dienste seriöser Lebensberater in Erwägung ziehen. Auch hier reicht das Spektrum von *extrem hilfreich* bis hin zu *völlig ungeeignet*. Das Wichtigste ist, festzustellen, ob es Ihnen ganz persönlich hilft, oder nicht.

Tipp #9: Süßigkeiten in Maßen können helfen

Süßigkeiten in Maßen können den Liebeskummer lindern. Wenn Sie sich überwältigt fühlen, dann spricht nichts dagegen, etwas Süßes zu essen. Alles was hilft, hat seine Berechtigung. Das ist der pragmatische Ansatz.

Doch nicht nur Süßigkeiten an sich, sondern schon der Geruch von Süßem kann helfen:

> *Dass Süßigkeiten die Ausschüttung* ***körpereigener Schmerzmittel*** *fördern und dadurch das Schmerzempfinden herabsetzen können, ist schon länger bekannt.*
>
> *Offenbar genügt jedoch schon der Geruch von süßen Speisen, um eine ähnliche Wirkung zu erzielen, wie Johan Prescott und Jenell Wilkie von der James Cook University in Cairns (Australien) jetzt festgestellt haben.*
>
> (Quelle: Süße Düfte machen Schmerzen erträglicher, Spiegel.de)

Selbstverständlich sind Süßigkeiten kein Allheilmittel und sollten nur in angemessenen Mengen verzerrt werden. Süßigkeiten können den Schmerz kurzfristig erträglicher machen, was aber nicht bedeutet, dass der Ursprung des Schmerzes damit geheilt wird. Hier müssen nach wie vor die Wunden geheilt werden.

Tipp #10: Gegen Appetitlosigkeit

Appetitlosigkeit kommt bei Liebeskummer extrem häufig vor und es gibt keine einfache Lösung dagegen. Die Verarbeitung der Gefühle und Heilung der emotionalen Schmerzen ist im Endeffekt das, was am meisten gegen Appetitlosiskeit hilft. Damit wird nämlich das psychische Gleichgewicht wiederhergestellt und der Appetit kommt ganz natürlich zurück.

Liebeskummer-Appetitlosigkeit kann sogar soweit gehen, dass man keinen Bissen mehr herunterbekommt. Wenn dieser Zustand länger anhält, dann sollte man am besten einen Arzt aufsuchen.

Ein großes Problem ist, dass ein Mangel wichtiger Nährstoffe dazu führen kann, dass man sich noch niedergeschlagener und energieloser fühlt. Damit wird es schwieriger, die notwendige emotionale Heilung durchzuführen.

In solchen Fällen sollte man zumindest auf Vitamin-Tabletten zurückgreifen, um den Grundbedarf des Körpers zu decken und sich weniger niedergeschlagen zu fühlen. Natürlich können Vitamin-Tabletten nicht alles ersetzen, aber einige Mangelerscheinungen und deren psychische Auswirkungen lassen sich damit effektiv vermeiden.

Ausreichende Bewegung an der frischen Luft kann manchmal auch den Appetit anregen und hat noch andere positive Effekte gegen den Liebeskummer (vgl. Tipp #3).

Tipp #11: Liebeskummer-Ernährung

Besonders wichtig bei Liebeskummer ist es, *genügend Wasser* zu trinken (2-3 Liter/Tag).

Beim Liebeskummer neigt man dazu, seine körperlichen Bedürfnisse zu vernachlässigen. Nicht genügend Wasser führt aber dazu, dass man gereizter wird und sich weniger wohl in der eigenen Haut fühlt.

Es gibt auch bestimmte Nahrungsmittel, die ähnlich wie Süßigkeiten, sich positiv auf die eigene Stimmung auswirken können. Der Grund dafür ist, dass solche Nahrungsmittel die Produktion der körpereigenen „Glückhormone“ unterstützen.

Häufig empfohlen werden folgende Lebensmittel:

- Johanniskraut:
Wird erfolgreich bei leichteren Formen der Depression eingesetzt. Johanniskraut hilft durch den Hauptwirkstoff Hyperforin das Gleichgewicht in den Nervenzellen wiederherzustellen. Wählen Sie dazu ein qualitativ hochwertiges Präparat in der Apotheke oder im Reformhaus. Für die optimale Wirksamkeit ist eine regelmäßige Einnahme erforderlich.

- Bananen, Ananas, Datteln, Nüsse und Hülsenfrüchte:
Unterstützen die Produktion des „Glückshormons“ Serotonin und helfen damit, die Stimmung zu verbessern.

- Der Geheimtip sind Chilischoten:
Durch die hohe Schärfe des Chili werden wieder mehr Endorphine ausgeschüttet. Das verbessert wiederum die Stimmung. Wie bei Süßigkeiten gilt hier aber: nicht übertreiben!

Tipp #12: Musik hören und Gefühle

Musik ist ein sehr guter Weg, um mehr in Kontakt mit den eigenen Gefühlen zu kommen. Es ist *niemals* eine gute Idee, seine Gefühle dauerhaft zu blockieren. Gerade das führt nämlich zu Depressionen.

Wer den emotionalen Schmerz und die unangenehmen Gefühle blockiert, blockiert auch alle positiven Gefühle.

Hören Sie Musik, um sich Gefühlen gegenüber zu öffnen, diese zuzulassen, zu weinen. Um mit der eigenen Lebensfreude und Selbstliebe immer mehr in Kontakt zu kommen, *müssen* die negativen, unangenehmen Gefühle zuerst verarbeitet werden.

Die elegantesten und schnellsten Lösungen dazu haben wir Ihnen in den ersten drei Kapiteln vorgestellt.

Ja, emotionale Heilung kann sich kurzzeitig unangenehm anfühlen. Doch verglichen mit der Alternative des ständigen Weiterleidens ist es auf jeden Fall die bessere Lösung.

Es ist auch wichtig, den Schmerz nicht unnötig lange zu fühlen, sondern so schnell wie möglich mit Selbstliebe zu heilen. Das Gleiche gilt für unangenehme Gefühle: die Phase des Zulassens eines Gefühls sollte nur so lange dauern, bis man das Gefühl entweder loslassen kann (Übung: *Zulassen & Loslassen*) oder das Gefühl auf andere Weise verarbeitet (Übung: *Intensität nutzen*).

Tipp #13: Natur / Verreisen

Es wurde wissenschaftlich festgestellt, dass Natur unsere Stimmung aufhellt und verbessert. Experimentieren Sie damit und suchen Sie Orte in der Natur auf, die Sie besonders mögen oder die Sie anziehen. Geben Sie der Natur Zeit, auf Sie einzuwirken.

Wir finden, die Natur hat oft eine beruhigende Wirkung und macht optimistischer.

Wenn es möglich ist, dann sollten Sie in Erwägung ziehen, für ein oder zwei Wochen zu verreisen. Ein Wechsel der Umgebung kann sich sehr positiv auf Ihr emotionales Stimmungsbild auswirken. Es schafft auch Distanz zu den Problemen, die man dann aus einer anderen Perspektive sieht.

Tipp #14: Kreativ sein

Malen, Zeichnen, Musizieren, Tagebuch führen oder ein Buch schreiben, Gedichte – es gibt sehr viele Möglichkeiten der eigenen Kreativität Ausdruck zu verleihen.

Was viele nicht wissen, ist, dass Liebeskummer schon immer ein großer Ansporn war, kreativ zu werden und etwas neues und bisher nicht dagewesenes zu schaffen. Viele berühmte Werke wurden in der Zeit des Liebeskummers erschaffen.

Manche finden es sehr hilfreich, neue Hobbies aufzunehmen oder wieder mit alten Hobbies anzufangen, die man während der Beziehung vernachlässigt hat.

Tipp #15: Dating und Flirten

Dating und Flirten können *sehr* dabei helfen, das Selbstvertrauen zu stärken und sich besser zu fühlen. Die Selbstzweifel nach einer Trennung sind ein nicht zu unterschätzender Grund für unnötiges Leiden und selbstbestrafendes Verhalten.

Auch das Loslassen des Ex-Partners geht viel schneller, wenn man sieht, dass es auch andere Optionen gibt.

In den meisten Fällen ist es besser, während des Liebeskummers keine neue Beziehung anzufangen, wobei auch das funktionieren kann.

Tipp #16: Auslöser sind egal

Wer oder was den Schmerz, die Wut, die Trauer auslöst ist in vielen Fällen völlig egal. Denn: der Ursprung dieser schmerzhaften und unangenehmen Gefühle liegt in der Kindheit und das

Wachrufen dieser Gefühle durch Personen oder Situationen dient nur dazu, uns die Gelegenheit zu geben, diesen emotionalen Balast endlich zu verarbeiten und zu heilen.

Beim Verarbeiten der Gefühle hilft es daher enorm, sich nur auf die eigentlichen Gefühle zu konzentrieren und den Auslöser der Gefühle ganz bewußt nicht zu beachten.

Ganz konkret heißt das beim Liebeskummer: der Ex-Partner mag zwar der derzeitige Auslöser der schmerzhaften Gefühle sein. Der Ursprung des Schmerzes ist aber in der Kindheit und hat mit dem Ex-Partner gar nichts zu tun, ebenso wie die Heilung dieser Gefühle gar nichts mit dem Ex-Partner zu tun hat.

Versuchen Sie stattdessen, sich an Situationen zu erinnern, in denen Sie die gleichen unangenehmen Gefühle und diesen Schmerz schon in der Vergangenheit gefühlt haben. Sie werden erstaunt sein, denn sehr oft erinnert man sich dann an Situationen aus der Kindheit, wo man sich ganz genau so gefühlt hat wie jetzt beim Liebeskummer.

Es kann durchaus sehr hilfreich sein, sich an einige der ursprünglichen Situationen zu erinnern, als der Schmerz schon in der Kindheit da war. Das Wichtigste aber ist die Verarbeitung der Gefühle (Übungen: *Zulassen und Loslassen* und *Intensität nutzen*) und die endgültige Heilung des Schmerzes mit Selbstliebe-Gefühlen (siehe dazu Kapitel 2).

Tipp #17: Bei Liebeskummer erfordert alles mehr Kraft

Man sollte von sich nicht erwarten, dass die Trennung spurlos an einem vorbeigeht. Die Überwindung des Liebeskummers kostet Kraft. Es ist also ganz normal, dass Sie für einige Zeit weniger leistungsfähig sind – und das ist völlig okay.

Sie werden für einige Zeit auch mehr Schlaf und Ruhe brauchen, um sich von der emotionalen Verarbeitung zu erholen. Auch das ist ganz normal.

Andererseits sollte man nicht den ganzen Tag im Bett verbringen und andere Bedürfnisse (menschlicher Kontakt, Bewegung, usw.) vernachlässigen.

Tipp #18: Dankbarkeit

Seien Sie dankbar und feiern Sie Ihre Bemühungen. Dankbarkeit ist neben Liebe wohl eines der magischsten Gefühle.

In gewisser Weise ist Dankbarkeit auch ein heilendes Gefühl. Es heilt uns von der verzerrten Wahrnehmung der Realität, in der alles schlimmer und negativer erscheint als es wirklich ist.

Wenn man aufrichtige Dankbarkeit findet und empfindet, dann kann man gar nicht anders, als sich besser zu fühlen und die Welt und sich selbst positiver zu sehen – mit mehr Dankbarkeit eben für all die Schätze und Wunder, die wir für so selbstverständlich nehmen. Doch es ist nicht mal selbstverständlich dass wir auch nur einen Tag weiterleben.

Tipp #19: Die 4 Phasen des Liebeskummers

Es hilft, die vier natürlichen Phasen des Liebeskummers zu kennen:

1. Nicht Wahrhaben-Wollen: man glaubt, der Partner werde es sich noch anders überlegen.

2. Trauer: beginnt mit der Einsicht, dass der Partner wirklich weg ist. Häufig ist es die längste der vier Phasen.

3. Wut: meistens folgen Ärger und Wut nachdem wir einige Zeit getrauert haben. Die Wut-Phase ist meist weniger ausgeprägt als die Trauer-Phase. Hier sollte man aufpassen, dass die Wut nicht in Hass umschlägt, weil man sich damit nur selbst schaden würde. Hass ist das schädlichste aller Gefühle und bringt einfach nichts.

4. Akzeptanz: Ende des Liebeskummers / Neorientierung.

Die vier Phasen folgen meist aufeinander, können aber auch durcheinander auftreten. Es kann durchaus vorkommen, dass man an manchen Tagen alle vier Phasen durchgeht.

Tipp #20: Die wichtigste Beziehung

Die wichtigste Beziehung ist die Beziehung zu sich selbst. Es ist leider gar nicht so selbstverständlich, dass man sich selbst mag oder sich selbst gut behandelt. Bei vielen Menschen ist geradezu das Gegenteil der Fall. Der Ursprung dieser Probleme sind zu einem grossen Teil die emotionalen Wunden und zu einem gewissen Teil auch falsche und negative Überzeugungen – Dinge, die wir ohne sie zu hinterfragen als wahr akzeptiert haben.

Auch wenn es sich nicht so anfühlt, so kann die Zeit zwischen Beziehungen doch ein großes Geschenk sein. Je mehr Sie die hochgekommenen Wunden und den emotionalen Schmerz heilen, desto weniger werden Sie in der zukünftigen Beziehung abhängig sein. Die emotionale Bedürftigkeit, die zu so vielen Problemen führt, wird durch das Heilen der Wunden abnehmen.

"Stark zu sein bedeutet nicht nie zu fallen, sondern immer wieder aufzustehen."

Kapitel 5: Fragen & Antworten

Liebeskummer:

Emotionale Wunden:

Unangenehme Gefühle:

Sonstiges:

Fragen zu Liebeskummer

Frage: Wie lange dauert es, bis der Liebeskummer überwunden ist?

Obwohl sich das nicht genau beantworten lässt, ist die Länge der beendeten Beziehung ein wichtiger Anhaltspunkt, um die Dauer des Liebeskummers einzuschätzen. Als Faustregel gilt: Je kürzer die Beziehung, desto kürzer ist normalerweise auch der Liebeskummer.

Es gibt hierbei folgende Erfahrungswerte: Um eine Beziehung wirklich hinter sich zu lassen, dauert es etwa ein oder zwei Monate für *jedes Jahr*, das Sie zusammen waren.

Frage: Hilft es bei Liebeskummer, sich abzulenken?

Es wird oft angenommen, dass das Abkenken bei Liebeskummer sehr hilfreich sei. Manche meinen sogar, das sei DIE Methode gegen Liebeskummer schlechthin.

Ja, ablenken kann manchmal sinnvoll sein, um aus der Negativität und Selbstquälerei herauszukommen. Sich abzulenken kann auch kurzfristige Linderung verschaffen.

Bedenken Sie aber, dass das Ablenken keine dauerhafte Lösung ist, weil es nichts gegen die *Ursachen des Liebeskummers* ausrichten kann. Schmerz lässt sich nicht dauerhaft verdrängen und schon gar nicht durch Verdrängen heilen.

Sich Ablenken ist nur als ergänzendes Mittel geeignet, wenn man beispielweise arbeiten muss oder sich vorübergehend auf andere Dinge konzentrieren muss. Dabei ist es wichtig, zu einem späteren

Zeitpunkt gegen die drei eigentlichen Ursachen des Liebeskummers vorzugehen (vgl. Kapitel 1).

Frage: Welche Übungen helfen am meisten gegen Liebeskummer?

Das kann je nach Situation und je nach Person unterschiedlich sein. Jede der 7 Übungen in Kapitel 3 kann Ihnen enorm gegen Liebeskummer helfen.

Generell sollten Sie schauen, was in diesem Moment das größte Problem darstellt und dann die entsprechende Übung wählen. Es ist wichtig, sich die passende Übung auszusuchen. Die Übungen sind wie Instrumente für bestimmte Probleme.

Sind beispielsweise negative Emotionen gerade das größte Problem, sollten Sie die Zulassen & Loslassen Übung und danach Selbstliebe 1 oder 2 anwenden. Alternativ ist auch die Übung Intensität nutzen hierfür geeignet.

Fragen über emotionale Wunden

Frage: Wie fühlt sich eine emotionale Wunde an?

Es ist hilfreich, den Schmerz der emotionalen Wunden möglichst klar von anderen unangenehmen Gefühlen zu unterscheiden.

Diese Unterscheidung ist wichtig, weil nur emotionale Wunden mit Selbstliebe *geheilt* werden müssen. Alle anderen Gefühle müssen dagegen nur *verarbeitet* werden, z.B. mit der Zulassen & Loslassen Übung.

Es ist nicht ganz einfach zu beschreiben, wie sich eine emotionale Wunde anfühlt. Unterschiedliche emotionale Wunden fühlen sich unterschiedlich an. Allen Wunden gemeinsam ist, dass sich diese unangenehm bis sehr unangenehm anfühlen.

Emotionale Wunden können sich anfühlen wie:

- emotionaler Schmerz in verschiedenen Formen und „Farbgebungen"
- ein Gefühl tiefer Hoffnungslosigkeit oder Einsamkeit
- eine Art emotionales Loch, das verzweifelt geliebt, akzeptiert oder anerkannt werden möchte

Frage: Warum hat wirklich jeder emotionale Wunden?

Fast alle emotionalen Wunden stammen aus der frühen Kindheit. Die Gründe dafür, dass wirklich jeder Mensch emotionale Verletzungen aus der Kindheit hat, sind folgende:

„Auch die hingebungsvollste aller Mütter kann nicht perfekt auf das Kind eingestimmt sein, kann nicht zu jeden Zeitpunkt bei ihm sein, kann nicht immer und unmittelbar auf seine Bedürfnisse eingehen.

Auch die hingebungsvollste aller Mütter hat […] ihre eigenen Bedürfnisse, Sorgen und Beschäftigungen. Sie ist vielleicht deprimiert, angespannt oder körperlich krank.

Sie hat vielleicht einige Überzeugungen, die das Zuneigungsbedürnis einschränken (daß es zum Beispiel schlecht ist, ein Baby hochzunehmen, wenn es schreit, oder daß es nicht gut ist, ein Baby außerhalb der vorgeschriebenen Zeiten zu füttern etc.)."

(Quelle: Dr. Howard M. Halpern, *Liebe und Abhängigkeit*, S.20)

All diese von den Eltern ungewollten Vernachlässigungen können bei Kindern zu großen oder kleinen emotionalen Verletzungen führen.

Was für Erwachsene trivial erscheint, kann für ein Kleinkind das Ende der Welt bedeuten und Schmerzen verursachen. Die erfahrene Psychotherapeutin Jean C. Jenson schreibt dazu in Ihrem Buch:

„In unserer Kultur wird erheblich unterschätzt, wie sehr das lieblose Verhalten von Erwachsenen und ihre persönlichen Unzulänglichkeiten ein Kind verletzen können.“

(Quelle: Jean C. Jenson, *Die Lust am Leben wiederentdecken – Eine Selbsttherapie*, S. 12)

Um emotional und psychisch zu überleben, verdrängen Kinder die Vernachlässigungen so gut es geht. Diese verdrängten Verletzungen und der Schmerz kommen aber später immer wieder in Situationen hoch, die uns an die ursprünglichen Situationen erinnern als die jeweilige Wunde entstanden ist.

So kommt beispielsweise nach einer Trennung viel Schmerz aus Situationen hoch, in denen wir uns als Kinder vernachlässigt oder nicht geliebt gefühlt haben.

Frage: Ist Abhängigkeit in Beziehungen nicht ganz normal?

Die folgenden zwei Aussagen stammen vom Dr. Howard Halpern, einem bekannten Psychologen, der u.a. Vorsitzender der Psychotherapeuten-Akademie in den USA war:

„Es ist nicht nur möglich, sondern auch ***extrem häufig****, daß eine Person in einer Liebesbeziehung von der anderen abhängig wird.“*

„Eine Person, die gerade eine abhängige Beziehung beendet hat, kann ***schlimmere Qualen*** *erleiden, als der Drogenabhängige."*

(Dr. Howard M. Halpern, *Liebe und Abhängigkeit*, S.13)

Nur weil etwas häufig vorkommt, ist es noch lange nicht normal. Die Qualen, die man nach dem Ende einer abhängigen Beziehung durchgeht deuten darauf hin, dass Abhängigkeit eben nicht so „normal" ist, wie von vielen angenommen wird.

Dr. Howard Halpern schreibt zu den Ursachen der Abhängigkeit in Beziehungen:

„Hinter all diesen Abhängigkeitsformen – sei es nun von einer Substanz oder von einer Person – steht das ***Gefühl der Unvollständigkeit, Leere, Verzweiflung, Trauer, des Verloren-seins*** und die Überzeugung, nur durch die Verbindung zu irgend etwas oder irgend jemandem außerhalb der eigenen Person Heilung finden zu können."

(Dr. Howard M. Halpern, *Liebe und Abhängigkeit*, S.14)

Diese von Dr. Halpern angesprochenen Gefühle, die zur Abhängigkeit führen, haben ihre Ursache in emotionalen Verletzungen aus der Kindheit und teilweise auch in falschen Überzeugungen.

Fragen über unangenehme Gefühle

Frage: Was tun bei starkem Herzschmerz?

Starker Herzschmerz ist meist nichts anderes als der Schmerz der emotionalen Wunden aus der Kindheit, die durch die Trennung wieder hochgekommen sind. In Kapitel 2 finden Sie nähere Informationen zum Heilen der emotionalen Wunden.

Die zweite Ursache für starken Herzschmerz kann das *Blockieren von intensiven Gefühlen* sein. Falls Sie die hochgekommene Trauer, Angst oder Wut blockieren und sich nicht erlauben, diese zu fühlen, so können Herzschmerz und auf lange Sicht auch Depression die Folgen sein.

Frage: Was tun bei Depression?

Depression entsteht durch das Verdrängen, Blockieren und Nicht-Fühlen von Emotionen (egal welche). Depressive Gefühle sind ein letztes Warnsignal, dass wir den Kontakt zu unserer emotionalen Ebene, zu unseren Gefühlen, verlieren.

Natürliche Trauer ist nicht das gleiche wie Depression, obwohl sich beide recht ähnlich anfühlen können. Im Grunde spielt dieser Unterschied keine grosse Rolle, denn sowohl bei Trauer wie auch bei Depression ist die Lösung gleich: Sie müssen sich diesen und anderen hochgekommenen unangenehmen Gefühlen gegenüber öffnen – die schwierigen Gefühle zulassen und verarbeiten.

Speziell bei der Depression kann es hilfreich sein, ganz genau zu schauen, welche Gefühle Sie gerade NICHT fühlen wollen. Genau diese Emotionen müssen nach und nach gefühlt und verarbeitet werden, damit die Depression ein Ende nimmt.

Ein Kombination aus *Zulassen & Loslassen* und den beiden Selbstliebe-Übungen ist hier empfehlenswert. Außerdem ist bei depressiven Gefühlen Bewegung besonders wichtig, um den Stoffwechsel in Gang zu bringen. Schon aus physiologischen Gründen werden Sie sich besser fühlen.

Schauen Sie sich auch das beigelegte Buch „Endlich frei von Depressionen“ an. Dort wird zwar nicht näher auf die emotionalen Ursachen der Depression eingegangen, aber es bietet andere gute Tipps und Anregungen, um aus einer Depression herauszukommen.

Bei einer langanhaltenden, schweren Depression ist der Gang zum Arzt oder Psychotherapeuten Pflicht. Bei schweren Fällen der Depression werden die Kosten der Psychotherapie auch meistens von den Krankenkassen übernommen.

Frage: Was tun bei Wut?

Wut wird im Grunde genauso wie Trauer verarbeitet (vgl. dazu Kapitel 1), mit dem Unterschied dass uns bei Wut die Tränen nicht zur Verfügung stehen.

Stattdessen empfiehlt es sich, die Wut mit Hilfe von Bewegung und körperlicher Betätigung schneller zu verarbeiten.

Empfehlenswert sind längere Spaziergänge und das Laufen. Während des Gehens oder Laufens lassen Sie dann das Gefühl der Wut hochkommen, so viel Sie können, damit es schnell verarbeitet wird.

Wie alle anderen unangenehmen Gefühle lässt sich Wut auch mit der Übung *Zulassen & Loslassen* verarbeiten. Allerdings sollte man gerade beim Verarbeitem sehr starker Wut nicht auf die Hilfe der körperlichen Betätigung verzichten.

Speziell gegen Wut ist die Übung *Intensität nutzen* immer sehr hilfreich. Diese kann man auch besonders gut beim schnellen Gehen oder Laufen anwenden, was die Verarbeitung der Wut dann nochmal erheblich beschleunigt

Hinter aufgestauter Wut verbirgt sich meist eine emotionale Wunde, die oft durch tiefe Traurigkeit gekennzeichnet ist. Man merkt das erst, wenn man die Schicht der intensiven Wut verarbeitet hat.

Frage: Was tun bei Angst?

Es gibt verschiedene Formen der Angst und einige davon lassen sich sehr gut mit Zulassen & Loslassen loswerden.

Einige besonders hartnäckige Formen der Angst lassen sich dagegen nur dann überwinden, wenn man das Gefühl der Angst zulässt und dennoch all die Dinge tut, die getan werden müssen und vor denen man eventuell Angst hat. Tut man dies einige Zeit, dann stellt sich die Angst immer als unbegründet heraus und löst sich vollständig auf.

Diese hartnäckige Art der Angst hat sehr viel mit persönlichem Wachstum zu tun und kann deswegen nicht auf einfachere Weise verarbeitet werden.

Angst ist auch ein häufiges Hindernis beim Zulassen der unangenehmen Gefühle. Sobald man sich den schwierigen Liebeskummer-Gefühlen gegenüber mehr als sonst öffnet, wird man häufig von Angst ergriffen, die von tiefer Besorgnis bis zur Panik reichen kann:

„Das geschieht, weil die Abwehrmechanismen, die wir aufgeben, uns bis dahin vor den schmerzhaften Gefühlen geschützt haben, die uns als Kind hätten umbringen können. In unserem Unbewußten sind diese Gefühle als lebensbedrohlich kodiert. Deshalb entsteht im Verlauf dieses Prozesses immer Angst. Das Unbewußte löst Angst aus, um uns davor zu bewahren, daß wir weiter in die

Erfahrung hineingehen, denn es „glaubt", wir könnten Schaden erleiden." (Jean C. Jenson, *Die Lust am Leben wiederentdecken – Eine Selbsttherapie*, S. 102)

Der folgende Ratschlag der Psychotherapeutin Jenson zum Umgang mit dieser Form der Angst ist sehr empfehlenswert:

„Sobald Sie merken, wie sehr Sie sich ängstigen, sollten Sie sich kurz umsehen und sich fragen, ob irgend etwas Ihre *körperliche* Sicherheit bedroht. Heißt die Antwort nein, dann setzen Sie den begonnenen Prozeß fort und widersetzen sich der Versuchung, entsprechend Ihrer Angst zu handeln.

An diesem Punkt sagen viele: „Aber ich habe das *Gefühl*, meine Sicherheit sei bedroht."

Das kommt natürlich daher, daß Sie sich in diesem Augenblick in Ihrem kindlichen Bewußtseinszustand befinden, das heißt, *alles* fühlt sich so an wie *damals*.

Man muß das oft genug erleben, um im Rückblick erkennen zu können, daß es eigentlich nichts zu befürchten gibt. An irgendeinem Punkt wird man dann in der Lage sein, gegen die Angst zu handeln und weiter den Weg zum Erleben des verdrängten Kindheitsleids zu bahnen." (Jean C. Jenson, *Die Lust am Leben wiederentdecken – Eine Selbsttherapie*, S. 104)

Frage: Was tun, wenn man von Gefühlen überwältigt ist und arbeiten muss?

Tun Sie, was Sie können, um zwischendurch etwas freie Zeit für sich zu finden, z.B. 20-30 Minuten in der Mittagspause, um die Gefühle zu verarbeiten (Übungen: *Zulassen & Loslassen* und *Intensität nutzen*). Auch abends nach der Arbeit sollten Sie sich eine Verarbeitungszeit einrichten, zum Beispiel vor dem Einschlafen. Ansonsten hilft während der Arbeitszeit nur Ablenkung. Das funktioniert um so besser, je regelmäßiger Sie die schmerzhaften und unangenehmen Emotionen verarbeiten.

Frage: Was tun bei Kopfschmerzen oder Bauchschmerzen?

Emotionale Schmerzen und negative Gedanken werden oft von körperlichen Problemen begleitet. Manchmal ist die Ursache dafür ganz einfach, dass man aufgrund des Liebeskummers die Bedürfnisse des Körpers vernachlässigt. Es kommt aber auch häufig vor, dass die körperlichen Probleme mit den emotionalen Schmerzen zusammenhängen.

Besonders wenn man längere Zeit versucht, die emotionalen Probleme zu verdrängen und die schmerzhaften Emotionen nicht zu fühlen, kann das dazu führen, dass die Probleme sich von der emotionalen auf die physische Ebene verlagern. Dann hat man Kopfschmerzen oder Bauchschmerzen, ist angespannt am ganzen Körper, usw. Sehr häufig sind emotionale Probleme die Ursache dieser körperlichen Beschwerden.

Ganz generell spürt man unangenehme Emotionen häufig im Bauch oder auch in der Herzgegend (Herzschmerz). Insofern sind die Bauchschmerzen und Herzschmerzen häufig ein Ausdruck schmerzhafter *Gefühle* (auf der emotionalen Ebene), die man dann in bestimmten Körperregionen spürt.

Manchmal lässt sich ein Gefühl lediglich als Spannung in den Schultern, im Nacken oder im Bauch feststellen. Wenn Sie sich auf diese Spannung konzentrieren, bemerken Sie oft, daß diese Spannung in Wirklichkeit etwas anderes ist, nämlich Angst, Wut oder Traurigkeit. Vielleicht sind es auch Verlust- oder Einsamkeitsgefühle.

Wenn einem bewußt wird, wie sich Gefühle im Körper ausdrücken, dann merkt man auch, dass Kopfschmerzen oft auf emotionaler Ebene stattfinden, also keine körperlichen Kopfschmerzen sind. Die Ursache der körperliche Kopfschmerzen sind meistens angespannte Nackenmuskeln.

Gegen emotionale Kopschmerzen, emotionalen Herzschmerz und emotionale Bauchschmerzen hilft die Übung Zulassen & Loslassen. Bei starken und langanhaltenden Schmerzen sind Schmerzmittel wie Aspirin sicherlich sinnvoll.

Sonstiges

Frage: Ist Selbstliebe nicht egoistisch?

Selbstliebe hat natürlich nichts mit Egoismus zu tun. Ganz im Gegenteil:

Egoismus entsteht aus einem Mangel an Selbstliebe!

Der Grund dafür ist schnell erklärt…

Wer einen Mangel an Selbstliebe hat und sich selbst ablehnt, der *kann* gar nicht anders, als auch *alle anderen* genauso schlecht zu behandeln wie sich selbst. Der ignoriert dann die Wünsche und Bedürfnisse anderer, ist also *egoistisch*.

Der berühmte Psychologe Erich Fromm schreibt dazu:

"Es stimmt zwar, daß selbstsüchtige Menschen unfähig sind, andere zu lieben, ***aber sie sind auch nicht fähig, sich selbst zu lieben."*** (Die Kunst der Liebe, S. 75)

Wer keine Liebe in sich spürt, der kann auch keine Liebe geben. Damit ist Selbstliebe absolut zentral für das Gelingen einer liebevollen Partnerschaft.

TEIL 2:

Ex-Partner zurück gewinnen

Kapitel 6: Die häufigsten Fehler

Sie kennen vielleicht diesen berühmten Spruch:

"Der Intelligente lernt aus seinen eigenen Fehlern. Das Genie lernt aus den ***Fehlern der anderen.****"*

Schauen wir uns also einige der häufigsten Fehler an, die Sie vermeiden müssen, um Ihren Ex-Partner wieder zurück zu gewinnen:

1. Verzweifelt und bedürftig wirken

Verzweifeltes Verhalten ist wahrscheinlich der häufigste Fehler, den Männer und Frauen nach einer Trennung machen. Um Ihren Ex-Partner zurück zu gewinnen, ist es unbedingt notwendig, nicht mehr verzweifelt und bedürftig zu wirken.

Haben Sie vielleicht folgende Dinge gemacht:

- Ihrem Ex-Partner gesagt, wie sehr Sie ihn/sie brauchen?
- Dass Sie nicht ohne ihn/sie leben können?
- Gründe angeführt, warum ihr zusammen bleiben solltet?
- Blumen oder Geschenke für den Ex-Partner gekauft?
- Den Ex-Partner um Verzeihung angefleht?

All das wirkt verzweifelt und bedürftig.

Verzweifeltes Verhalten ist **sehr unattraktiv** für den Ex-Partner. Welche Frau oder welcher Mann will schon mit jemandem zusammen sein, der erbärmlich und verzweifelt wirkt?

Einer der Gründe dafür, dass dieser Fehler so weit verbreitet ist, sind Liebesfilme. In solchen Filmen finden die Ex-Partner oft zueinander, weil der verlassene Partner etwas "romantisches" macht oder dem Ex sagt, dass er oder sie nicht ohne den anderen leben kann.

Doch leider funktioniert sowas nicht im wirklichen Leben. Sie müssen die Dinge anders angehen, wenn Sie Ihren Ex-Partner zurück gewinnen möchten.

Um Ihren Ex-Partner zurück zu gewinnen, müssen Sie vor allem Ihre **Selbstachtung und Würde behalten**. Dies wird Ihnen nicht nur dabei helfen, den oder die Ex zurück zu gewinnen, sondern hilft auch Ihrem Selbstwertgefühl.

2. Zu häufiges Kontaktieren

Nach einer Trennung nimmt man oft an, dass der Ex-Partner nicht weiß oder nicht versteht, wieviel er oder sie einem bedeutet. Und so sieht man häufig, dass Männer und Frauen ständig ihre Ex-Partner kontaktieren – Anrufe, Besuche, Textnachrichten. . .

Wenn Ihr Ex-Partner sich für eine Trennung entschieden hat, dann kann man davon ausgehen, dass er oder sie diese Entscheidung nicht leichtfertig getroffen hat. Es ist also unwahrscheinlich, dass Sie ihre(n) Ex zurück gewinnen, nur weil Sie dem Ex-Partner zeigen, wieviel er/sie Ihnen bedeutet.

Tatsächlich wird in vielen Ratgebern geraten, den Ex-Partner nach der Trennung für mindestens **30 Tage gar nicht zu kontaktieren**. Dies ist bekannt als die Kontaktsperre bzw. No Contact Rule.

Wie kann eine solche Kontaktsperre Ihnen helfen, Ihren Ex-Partner zurück zu gewinnen?

Zunächst einmal: Den Ex-Partner mit Anrufen oder Besuchen zu belästigen wird diesen sicherlich nicht plötzlich überzeugen, die Entscheidung zu ändern. Stattdessen wird es ihre(n) Ex eher verärgern.

Das Schöne an der Kontaktsperre ist, dass es in den allermeisten Fällen Ihren Ex-Partner neugierig machen wird. Ihr Ex-Partner wird Sie **selber** kontaktieren wollen!

Es kann einige Tage oder mehrere Wochen dauern, bis Ihren Ex-Partner Sie kontaktiert. Sie müssen also geduldig sein und diese Zeit nutzen, um einen guten Plan vorzubereiten, um Ihren Ex-Partner zurück zu gewinnen.

Mehr über die richtige Anwendung der Kontaktsperre und die beste Vorgehensweise für die Zeit nach der erneuten Kontaktaufnahme finden Sie in den folgenden Kapiteln.

3. Streiten mit dem/der Ex

Viele machen zwar den Fehler, verzweifelt und bedürftig zu wirken - doch einige machen auch den umgekehrten Fehler: sie haben riesige Streitereien mit dem Ex-Partner.

Wenn Sie Ihren Ex-Partner zurück gewinnen möchten, dann werden solche Konflikte Ihnen sicherlich nicht helfen, die oder die Ex zurück zu erobern.

Wenn Sie zu denen gehören, die viel mit dem Ex-Partner gestritten haben, dann ist es eine gute Idee, dem Ex-Partner einen freundlichen Brief zu schreiben und darin zwei Dinge zu sagen:

- dass Sie die Trennungsentscheidung verstehen
- und dass Sie mit der Trennung einverstanden sind.

Da Sie plötzlich mit der Trennung einverstanden sind, wird der Ex-Partner sich nun weniger sicher sein, ob die Trennung tatsächlich eine gute Idee war. Und der Wechsel zu einem freundlichen Ton erleichtert es, den Ex-Partner später zurück zu gewinnen.

Danach sollten Sie am besten abwarten, bis der oder die Ex Sie selber kontaktiert. Bleiben Sie freundlich, aber ohne verzweifelt zu wirken. All das wird Ihre Chancen erhöhen, den oder die Ex zurück zu gewinnen.

Wenn der freundliche Umgang mit dem Ex-Partner erstmal wieder hergestellt ist, dann können Sie anfangen, Ihre(n) Ex in kleinen Schritten **wieder zu verführen**. Und es sollte nun beim zweiten Mal sogar einfacher sein, da Sie bereits wissen, was ihm/ihr gefällt.

4. Den Ex-Partner eifersüchtig machen

Vielleicht überlegen Sie, ob Sie Ihren Ex-Partner eifersüchtig machen sollten, beispielsweise indem Sie sich mit jemand anderem treffen. Wenn Sie Ihren Ex-Partner zurück gewinnen wollen, dann wird es Ihnen auf lange Sicht nicht helfen, ihn oder sie eifersüchtig zu machen.

Auch wenn es Ihnen gelingt, den Ex-Partner eifersüchtig zu machen, so hat dies auch negative Konsequenzen.

Ihr Ex-Partner könnte denken, dass Sie endgültig das Interesse verloren haben. Sogar wenn es Ihnen danach gelingt, Ihren Ex-Partner zurück zu gewinnen, so könnte Ihr(e) Ex Ihnen noch lange nachtragen, ihn/sie eifersüchtig gemacht zu haben.

Mit anderen Worten, den Ex-Partner jetzt eifersüchtig zu machen kann die Beziehung auf lange Zeit vergiften und würde es erschweren, mit Ihrem Partner zusammen zu bleiben.

5. Zu schnell zurück wollen

Ein anderer weit verbreiteter Fehler ist der Versuch, den Ex-Partner **zu schnell** zurück zu gewinnen.

So wird beim kleinsten Zeichen, dass der Ex-Partner noch Interesse an einer Beziehung haben könnte, oft völlig überstürzt gehandelt. Es ist einfach keine gute Idee, gleich beim ersten Anruf Ihrem Ex-Partner ihr eine Liebeserklärung zu machen.

Um Ihren Ex-Partner zurück zu gewinnen, ist es meistens besser, den oder die Ex in kleineren Schritten wieder in das eigene Leben zu lassen. Es kann auch sein, dass der Ex-Partner selber für einige Zeit mehr Abstand braucht.

Am besten sieht man das Ganze als den Anfang einer neuen Beziehung, bei der Sie Ihren Ex-Partner langsam wieder verführen. Dies erhöht Ihre Chancen auf eine langfristig erfolgreiche Beziehung.

6. Fehler bei der Entschuldigung

Eine Entschuldigung kann wahre Wunder bewirken, oder aber alles noch schlimmer machen – und zwar dann wenn die Entschuldigung nicht ernst gemeint ist, oder zumindest so rüberkommt.

Um Ihre(n) Ex zurück zu gewinnen ist es unerlässlich, sich irgend-wann für das zu entschuldigen, was zur Trennung geführt hat.

Der Zeitpunkt der Entschuldigung ist aber fast genauso wichtig, wie die Entschuldigung selbst. Kurz nach der Trennung ist es wahrscheinlich, dass Ihr Ex-Partner erstmal Abstand braucht und noch nicht angefangen hat, Sie zu vermissen.

7. Sich von Leuten isolieren

Während einer schmerzhaften Trennung machen viele von uns den Fehler, sich von Freunden und anderen Menschen zu isolieren. Es kann am Anfang schwierig sein, den ersten Schritt zu gehen und sich wieder mehr der Welt zuzuwenden. Aber das ist es auf jeden Fall wert.

Gehen Sie unter die Leute, fangen Sie ein neues Hobby an, ganz egal was. Hauptsache, Sie haben Spass dabei. Auch wenn es sich anfangs so anfühlt, als würden Sie es nicht wirklich wollen. All das wird Ihnen später dabei helfen, Ihren Ex-Partner zurück zu gewinnen.

Unter Umständen müssen Sie erst mehrmals unter die Leute gehen, bevor Sie anfangen, die positiven Effekte dieses Vorgehens zu sehen.

Dies wird Ihnen sehr nützen, wenn Sie wieder in Kontakt mit Ihrem Ex-Partner sind. Wenn Ihr Ex-Partner sieht, dass es Ihnen gut geht, dann werden Sie viel attraktiver für diesen sein. Ihr ganzes Verhalten und Ihre Ausstrahlung werden optimistischer und lebensfroher sein – und das kann man nicht vortäuschen.

Es kann kaum überschätzt werden, wie wichtig eine positive, lebensfrohe Einstellung ist, um den Ex-Partner zurück zu gewinnen!

Kapitel 7: Die wahren Trennungsgründe

In manchen Fällen ist der Grund der Trennung vollkommen offensichtlich, wenn beispielsweise Betrug oder ein Seitensprung im Spiel waren.

Andererseits ist es in vielen Fällen gar nicht so klar, was eigentlich zur Trennung geführt hat. Sogar das, was Ihnen Ihr Ex-Partner als Grund für die Trennung genannt hat muss nicht unbedingt der Wahrheit entsprechen.

Das ist in vielen Fällen gut gemeint, um unsere Gefühle mit der Wahrheit nicht zu verletzten, aber es hilft uns nicht beim Zurückgewinnen des Ex-Partners, weil wir ja noch gar nicht wissen was *wirklich* schief gelaufen ist.

Es kommt häufig vor, dass sich Probleme mit der Zeit aufbauen, und es ist wichtig zu erkennen, welches Problem dafür gesorgt hat, dass Ihre Beziehung in die Brüche gegangen ist.

Wenn Sie sich einigermaßen sicher sind, was der Grund für die Trennung war, dann müssen Sie überlegen, wie sich dieses Problem am besten lösen lässt.

In vielen Fällen müssen Sie etwas an Ihrem Verhalten ändern.

Seien Sie sich aber im klaren darüber, dass echte Änderungen gar nicht so einfach sind. Sie werden Ihren Willen immer wieder einsetzen müssen, um die Änderung **dauerhaft** zu machen.

Wenn Sie sich aber noch nicht sicher sind, warum sich Ihr Ex-Partner von Ihnen getrennt hat, dann wird es Ihnen bestimmt helfen, die häufigsten wahren Trennungsgründe von Männern und Frauen anzuschauen.

1. Die wahren Trennungsgründe von Männern

Warum trennen sich Männer? Es gibt tatsächlich große Unterschiede zwischen den häufigsten Trennungsgründen von Männern und Frauen. Diese Unterschiede beruhen auf den unterschiedlichen Bedürfnissen, die Männer und Frauen in Beziehungen haben.

Es wird viel zu häufig stillschweigend davon ausgegangen, dass sich die Bedürfnisse von Männern und Frauen praktisch nicht unterscheiden.

Die Würze der Beziehungen besteht aber gerade darin, dass die Bedürfnisse von Männern und Frauen sich teilweise so **stark** unterscheiden, dass es für die andere Seite schwer sein kann, das nachzuvollziehen.

Viele Beziehungsprobleme entstehen aus dieser Tatsache.

* * *

Was brauchen Männer in einer Beziehung? Nur Sex? Nein, so einfach ist das nicht...

Selbstverständlich ist Sex eines der natürlichen Bedürfnisse der Männer **und** Frauen. Aber sowohl Männern wie auch Frauen geht es um weit mehr als "nur Sex", zumindest wenn eine Beziehung eingegangen wird.

Männer fühlen sich geliebt, wenn sie anerkannt und gelobt werden.

Das ist ein *natürliches Bedürfnis* der männlichen Psyche, genauso wie Frauen das Bedürfnis haben, geschätzt zu werden. Beides hat nichts mit Unsicherheiten oder anderen Problemen zu tun.

Jede Frau sollte folgendes wissen:

Männer brauchen Lob wie die Luft zum Atmen. Die Liebe einer Frau messen sie häufig daran, wie oft sie von ihr gelobt werden.

Die wichtigsten Trennungsgründe der Männer sind demnach Dinge, die dafür sorgen, dass er keine Anerkennung für sich und seine Taten spürt.

Dazu gehören Dinge wie:
- zu viel meckern, kritisieren, ihn verändern wollen
- zu wenig Lob oder anerkennende Worte

Lob und Anerkennung sind für Männer viel wichtiger als für Frauen, weil Männer von Natur aus erfolgsorientiert sind.

Dieser Unterschied wirkt sich auch auf die Kommunikation aus.

Während Frauen sich oft einfach nur mitteilen möchten, wollen Männer die mitgeteilten Probleme lösen. Das führt dann häufig zu Ärger, wenn beide Seiten die unterschiedlichen Kommunikationsweisen von Männern und Frauen nicht verstehen.

Oder, was auch häufig vorkommt, das Mitteilungsbedürfnis der Frauen wird von Männern völlig missverstanden und solche Mitteilungsgespräche werden als irrelevant abgetan.

Darüber hinaus ***kann*** Sex in manchen Fällen auch der wahre Trennungsgrund sein. Wenn es im Bett nicht mehr stimmt, oder die sexuellen Vorlieben sich als nicht kompatibel herausstellen, ist das manchmal der wahre Grund, um eine Beziehung zu verlassen. Offen zugegeben wird sowas aber nur in den seltensten Fällen.

* * *

2. Die wahren Trennungsgründe von Frauen

Frauen trennen sich grundsätzlich aus anderen Gründen als Männer. Dabei ist es wichtig zu wissen, dass es zwei Dinge gibt, die Frauen mehr als alles andere anziehen.

Das ist, erstens, Selbstbewußtsein.

Wenn ein Mann wirklich **selbstbewußt** ist, dann spielt alles andere für eine Frau kaum eine Rolle. Frauen geben das kaum offen zu, aber das ist die anziehendste Eigenschaft, die ein Mann in den Augen einer Frau haben kann.

Dabei sollte Selbstbewußtsein auf keinen Fall mit Arroganz verwechselt werden. Tatsächlich deutet arrogantes Verhalten auf ein geringes Selbstbewußtsein hin und Frauen spüren das.

Die zweite Sache, die Frauen mehr als alles andere anziehend finden, ist, wenn ein Mann sie wirklich **schätzt**. Dazu gehören all die Kleinigkeiten und kleinen Aufmerksamkeiten der Frau, die von Männern oft kaum beachtet werden.

Es wäre keine Übertreibung zu sagen, dass eine Frau niemals einen Mann verlässt, der selbstbewußt ist und sie wirklich schätzt.

Die häufigsten *wahren* Trennungsgründe der Frauen sind demnach ein zu wenig selbstbewußtes Verhalten oder fehlende Wertschätzung für die Frau.

Da die Frau sich ursprünglich für eine Beziehung entschieden hat, kann man davon ausgehen, dass zumindest eines dieser beiden Dinge im Laufe der Beziehung nachgelassen hat.

Frauen wollen auch nicht wirklich die Oberhand in der Beziehung haben. Wenn ein Mann seine Bedürfnisse immer mehr hinten anstellt, dann wirkt das auf eine Frau abstossend – weil es von einem Mangel an Selbstbewußtsein spricht.

Auch zu viel Aufmerksamkeit für eine Frau kann ein Zeichen von mangelndem Selbstbewußtsein sein. Es ist wichtig, eine Balance zu finden: die Wertschätzung weder zu übertreiben, noch zu vernachlässigen.

* * *

Der häufigste Fehler nach dem Ende einer Beziehung, wenn man seine Ex-Partnerin zurück erobern möchte, ist verzweifeltes Verhalten. Für eine Frau ist das ein extremes Zeichen von mangelndem Selbstbewußtsein.

Der Ursprung des verzweifelten Verhaltens nach einer Trennung ist natürlich der Liebeskummer. Das ist einer der Gründe, warum die Überwindung des Liebeskummers so wichtig ist.

Die im ersten Teil dieses Buches vorgestellte Methode zur Überwindung des Liebeskummers ist auch sehr effektiv dabei, das Selbstbewußtsein auf natürliche Weise aufzubauen.

Mangelndes Selbstbewußtsein hat nämlich den *gleichen* Ursprung wie Liebeskummer: unverarbeitete emotionale Verletzungen, die aus dem Unterbewußtsein wirken und geheilt werden müssen.

Buch-Tipp:

Für ausführlichere Informationen, wie sich die Bedürfnisse von Männern und Frauen in Beziehungen unterscheiden, gibt es das sehr empfehlenswerte Buch „*Männer sind anders. Frauen auch*".

Es handelt sich um die Übersetzung des Nr. 1 Bestsellers von John Gray: „*Men Are from Mars, Women Are from Venus*".

Kapitel 8: Die Kontaktsperre

In den allermeisten Fällen ist eine Kontaktsperre sehr hilfreich, wenn Sie Ihren Ex-Partner zurück erobern wollen.

Eine der wenigen Ausnahmen sind Trennungen nach *sehr kurzen* Beziehungen, die nur 1 oder 2 Monate gedauert haben. In solchen Fällen ist von einer Kontaktsperre abzuraten. Lesen Sie mehr dazu in Kapitel 9.

Welche Vorteile die Kontaktsperre hat und auf welche Gefahren Sie achten sollten, erfahren Sie in diesem Kapitel.

Doch fangen wir damit an, was mit Kontaktsperre gemeint ist.

Kontaktsperre: Was ist das?

Kontaktsperre nach einer Trennung bedeutet, dass man keinen Kontakt zum Ex-Partner *einleitet*. Mit anderen Worten, wenn Ihr Ex-Partner Sie kontaktiert, dann ist das sogar erwünscht und verstösst **nicht** gegen die Kontaktsperre.

Es ist gewissermaßen das Ziel der Kontaktsperre, dass Ihr(e) Ex Sie von selbst kontaktiert, denn es ist der beste Ausgangspunkt zum Zurückgewinnen des Ex-Partners.

Wie lange soll die Kontaktsperre eingehalten werden?

Es ist empfehlenswert, die Kontaktsperre für mindestens mehrere Wochen einzuhalten — am besten solange, bis Ihr(e) Ex Sie von selbst wieder kontaktiert. Je nach Länge der beendeten Beziehung sind 30 bis 60 Tage Auszeit sinnvoll.

Vorteile der Kontaktsperre

Die Kontaktsperre hat nach einer Trennung gleich mehrere wichtige Vorteile, wenn man den Ex-Partner zurück gewinnen möchte:

1) Gelegenheit zum Vermissen

Der Trennungsschmerz und Liebeskummer nach einer Trennung führen unweigerlich dazu, dass man ständig mit dem Ex-Partner Kontakt aufnehmen möchte.

Leider vergisst man dabei, dass der oder die Ex damit keine Gelegenheit bekommt, anzufangen Sie zu vermissen. Man wird bestenfalls für selbstverständlich gehalten.

Eine Kontaktsperre ist hierbei die beste Lösung. Je länger Ihre Beziehung war, um so mehr wird Ihr Ex-Partner Sie nach einer Kontaktsperre vermissen.

Der Grund dafür ist die emotionale Bindung, die in jeder Beziehung entsteht. Je stärker diese Bindung, umso stärker vermisst man sich gegenseitig nach einer Trennung.

2) Gelegenheit zur Neugier

Der zweite Vorteil einer Kontaktsperre ist, dass es Ihren Ex-Partner neugierig machen wird. Ihr(e) wird sich fragen was Sie jetzt tun, ob Sie über die Beziehung hinweg sind, da Sie keinen Kontakt mehr aufnehmen, und so weiter.

Man kann mit Sicherheit sagen, dass Ihr Ex-Partner während einer Kontaktsperre viel an Sie denken wird. Das ist auch völlig verständlich, da Sie ein großer Teil seines/ihres Lebens waren und nun weg sind.

Neugier ist zwar nicht so stark wie das Vermissen des Ex-Partners, aber es hilft auch sehr dabei, den Ex-Partner zurück zu gewinnen.

Und sowohl die Neugier wie auch das Gefühl des Vermissens können bei Ihrem Ex-Partner **nur** mit einer Kontaktsperre entstehen.

3) Zeit zur Überwindung des Liebeskummers

Die Zeit kurz nach einer Trennung ist meistens sehr emotionsgeladen für beide Seiten. Man ist oft überwältigt von Trauer und Trennungsschmerzen, die in Wellen hochkommen.

Wegen der vielen Emotionen neigt man dazu, verletzende Dinge zu sagen, die nicht wirklich gemeint sind und die eine Rückkehr in die Beziehung erschweren können.

Einer der größten Vorteile der Kontaktsperre ist, dass es Ihnen und Ihrem Ex-Partner die nötige Zeit gibt, um den Liebeskummer zu verarbeiten und nicht mehr überwältigt zu sein.

Darüber hinaus umgeht man mit der Kontaksperre auch elegant den häufigsten Fehler, der nach einer Trennung gemacht wird: verzweifelt und bedürftig zu wirken.

Es ist zwar normal, dass man nach einer Trennung emotional am Boden ist. Gleichzeitig wirkt es aber auch sehr unattraktiv, wenn Sie in diesem Zustand Ihren Ex-Partner kontaktieren.

Es ist also viel besser, die Zeit der Kontaktsperre zu nutzen, um den Trennungsschmerz und Liebeskummer mit bewährten Tipps und Übungen zu überwinden (siehe Kapitel 1-5). Das hat den Vorteil, dass Sie dann wieder attraktiver auf Ihren Ex-Partner wirken und nicht mehr am Boden zerstört sind.

Gefahren der Kontaktsperre

Wie bereits erwähnt, birgt die Kontaktsperre auch Gefahren und Probleme in sich, die hier angesprochen werden sollen.

Das **grösste Problem** der Kontaktsperre ist, dass diese sehr schwierig durchzuhalten ist. Sie vermissen Ihre(n) Ex natürlich auch und manchmal wird man so obsessiv, dass jede Form des Kontaktes besser erscheint, als eine Kontaktsperre.

Zumindest in den ersten Tagen ist das Durchhalten der Kontaktsperre schwer, bis es dann wieder aufwärts geht.

Das **zweite Problem** ist, dass Ihr Ex-Partner anfangen könnte zu glauben, dass Sie endgültig das Interesse an ihm oder ihr verloren haben und keinen Kontakt mehr wünschen.

Wenn Sie der Meinung sind, dass Ihr Ex-Partner das glauben könnte, dann teilen Sie ihm/ihr am besten in einer *kurzen* Nachricht mit, dass Sie einige Zeit für sich brauchen und ihn/sie erstmal nicht kontaktieren werden.

Auf diese Weise weiß Ihr(e) Ex dann, dass Sie nichts gegen eine erneute Kontaktaufnahme haben.

Nach der Kontaktsperre

Im besten Fall hat Sie Ihr Ex-Partner während der Kontaktsperre irgendwann kontaktiert oder Sie kontaktieren den Ex-Partner nach der Kontaktsperre selbst, um zu sehen, wie es ihm/ihr geht.

An dieser Stelle können Sie damit anfangen, Ihre(n) Ex wieder in kleinen Schritten zu verführen. Und es sollte nun beim zweiten Mal sogar einfacher sein, da Sie bereits wissen, was ihm/ihr gefällt.

Es ist am besten, das Ganze als den Anfang einer neuen Beziehung sehen. Es könnte nämlich sein, dass Ihr Ex-Partner weiterhin für einige Zeit mehr Abstand braucht.

Seien Sie nach der erneuten Kontaktaufnahme freundlich, aber ohne verzweifelt oder bedürftig zu wirken (der häufigste Fehler). All das wird Ihre Chancen erhöhen, den oder die Ex zurück zu gewinnen.

Wenn Sie mit den Tipps aus den ersten fünf Kapiteln den Liebeskummer einigermaßen überwunden haben, dann sollten die Gefühle der Verzweiflung und Bedürftigkeit auch kein Problem mehr sein.

Kapitel 9: Nach kurzen Beziehungen

Nach einer kurzen Beziehung müssen Sie etwas anders vorgehen, um Ihren Ex-Partner zurück zu gewinnen. Kurze Beziehungen sind solche, die weniger als 1 oder 2 Monate dauerten.

Der Hauptunterschied besteht darin, dass eine Kontaktsperre nach einer kurzen Beziehung meistens nur wenig bringen würde.

Das ist auch kein Problem, weil auch der Liebeskummer nach einer kurzen Beziehung meist viel schwächer ausgeprägt ist und man normalerweise nicht so viel Zeit braucht, um diesen zu überwinden.

* * *

Nach einer kurzen Beziehung haben Sie die besten Chancen, den oder die Ex zurück zu erobern, wenn Sie den Ex-Partner persönlich treffen.

Es ist in den meisten Fällen auch in Ordnung, den Ex-Partner mit einem Besuch zu überraschen. Wenn Sie ein Treffen vorher vereinbaren, dann sagen Sie am besten nicht um was es geht.

Der **Überraschungseffekt** spielt bei dieser Strategie nämlich eine große Rolle.

Dabei geht es darum, sich vorher Gedanken zu machen, warum die Beziehung abgebrochen wurde und dem Ex-Partner in einpaar kurzen Sätzen eine Lösung anzubieten.

Das kann zum Beispiel sein, dass es dem Ex-Partner zu schnell ging oder dass Sie auf eine andere Weise einen schlechten Eindruck beim Ex-Partner hinterlassen haben.

Lesen Sie sich außerdem die häufigsten wahren Trennungsgründe von Frauen und Männern durch in Kapitel 7.

* * *

Es ist wichtig, bei dem Treffen nicht verzweifelt zu wirken, sondern dem Ex-Partner durch die Worte und durch das eigene Verhalten zu zeigen, dass Sie eher bereit sind, sie oder ihn *komplett* zu verlieren als nur "Freunde" zu sein.

Ihnen sollte klar sein, dass eine solche Freundschaft nach einer kurzen Beziehung niemals funktionieren kann, weil der oder die Ex immer vermuten würde, dass Sie mehr wollen als nur Freundschaft.

Und je länger sich eine solche Freundschaft hinzieht, desto mehr werden die ehemals vorhandenen Gefühle des Ex-Partners für Sie schwinden.

Nach einer kurzen Beziehung ist es besser, *bald* zu handeln, um die besten Chancen zu haben, den oder die Ex zurück zu erobern.

* * *

Leider sind die Chancen, den oder die Ex nach einer sehr kurzen Beziehung zurück zu erobern etwas schlechter als nach einer längeren Beziehung.

Ein Grund dafür ist, dass sich noch keine tiefere Bindung entwickeln konnte, weil es eine kurze Beziehung war.

Ein anderer Grund ist, dass man sich gegenseitig viel weniger kennt. Deswegen kann es schwieriger sein, die Reaktionen des Ex-Partners einschätzen, wenn man versucht sie oder ihn zurück zu erobern.

Dennoch sind die Chancen nach dieser Methode sehr, sehr viel besser als wenn man nichts tut oder hofft, dass sich möglicherweise in der Zukunft wieder etwas entwickeln könnte.

Kapitel 10: Fragen & Antworten

Frage: ***Gibt es sichere Anzeichen, wenn der Ex-Partner zurück will?***

Es gibt tatsächlich einige sichere Anzeichen, dass Ihr Ex-Partner Interesse an einer erneuten Beziehung mit Ihnen hat.

Sichere Anzeichen:

- Ihr(e) Ex hat mit Ihnen seit der Trennung mehrmals Kontakt aufgenommen, vielleicht sogar ohne einen bestimmten Grund.

- Ihr(e) Ex hat Ihnen direkt oder über Freunde mitgeteilt, dass er/sie derzeit nicht an anderen Beziehungen interessiert ist.

- Ihr(e) Ex erzählt Ihnen Geschehnisse aus ihrem Leben oder fragt nach Rat, ganz so als ob ihr immer noch ein Team seid.

- Ihr(e) Ex scheint immer dort zu sein wo Sie sich aufhalten.

- Ihr(e) Ex versucht, Sie mit Veränderungen zu beeindrucken.

- Ihr(e) Ex hat direkt oder indirekt dafür gesorgt, dass ihr euch trefft.

- Ihr(e) Ex ist nervös wenn ihr euch trefft oder am Telefon sprecht, scheint die Gespräche aber trotzdem in die Länge zu ziehen.

Unverlässliche Anzeichen:

- Wenn Ihr(e) Ex viel über die Trennung redet, bedeutet das nicht automatisch, dass er oder sie die Trennungsentscheidung für falsch hält.

- Falls Ihr(e) Ex sich erkundigt, wie es Ihnen nach der Trennung geht, dann bedeutet das nicht, dass er oder sie wieder zurück will. Möglicherweise hat Ihr Ex-Partner Schuldgefühle oder will sich tatsächlich nur erkundigen, ob es Ihnen gut geht.

- Wenn Ihr(e) Ex Sie wegen praktischen oder logistischen Dingen kontaktiert, wie Post oder Rechnungen, dann sollte man in diese Kontakte auf jeden Fall nicht zu viel hineininterpretieren.

Frage: ***Ist es eine gute Idee, den Ex-Partner zurück zu gewinnen?***

Es ist sehr wichtig, sich ehrlich zu fragen, ob es eine gute Idee ist, Ihren Ex-Partner zurück zu gewinnen. Seien Sie so ehrlich wie möglich mit sich selbst.

Dies wird Ihnen viel Schmerz und Kummer in der Zukunft ersparen, wenn Sie diese Frage ehrlich beantworten.

Falls Ihre Trennung erst vor kurzem stattfand, dann ist es unter Umständen notwendig, sich mehr Zeit zu geben und später die Entscheidung treffen, ob Sie versuchen sollten, Ihren Ex-Partner zurück zu gewinnen.

Ansonsten riskieren Sie, aufgrund des Trennungsschmerzes und des Stresses der kürzlichen Trennung nicht die nötige Klarheit zu haben.

Im Grunde müssen Sie entscheiden, ob Ihr Ex-Partner wirklich gut für Sie ist. Nur wenn Sie ganz ehrlich sagen können, dass dies der Fall ist, sollten Sie anfangen zu planen, wie Sie Ihren Ex-Partner zurück gewinnen.

Einige Leute wollen den Ex-Partner nur deswegen zurück gewinnen, weil sie nicht den Gedanken ausstehen können, ihr(e) Ex könnte mit jemand anders zusammen sein. Das ist aber bei weitem keine Liebe, sondern einfach nur Eifersucht.

Wenn Sie Ihren Ex-Partner sehr vermissen, so ist das auch nicht unbedingt ein guter Grund, den oder die zurück zu gewinnen. Das Gefühl des verzweifelten Vermissens bedeutet nämlich nicht unbedingt, dass man den Ex-Partner liebt.

Es ist ein häufiger Irrtum, das verzweifelte Vermissen mit Liebe zu verwechseln. Das Vermissen stammt zum allergrößten Teil aus alten emotionalen Verletzungen, die lediglich durch die Trennung wieder hochgekommen sind und im Grunde nichts mit dem Ex-Partner zu tun haben.

Schlechte Beziehungen sind wie Drogen.

Es mag sich gut anfühlen, Heroin zu nehmen, aber ist es wirklich gut für einen? Das ist ein extremes Beispiel, um diesen Sachverhalt zu verdeutlichen.

Wenn Sie Ihren Ex-Partner aus den falschen Gründen zurück haben wollen, dann wird es Ihr Leben nur schwerer machen.

Auf der anderen Seite kann es sein, dass Sie in der Beziehung einen Fehler gemacht haben, den Sie jetzt wirklich bereuen.

Wenn Sie diesen Fehler korrigieren können, oder sich zumindest entschuldigen (siehe Kapitel 6), dann werden Sie eine gute Chance haben, den Ex-Partner zurück zu gewinnen.

Vielleicht haben Sie die Beziehung für selbstverständlich gehalten oder sich zu wenig um den Partner gekümmert. Und nun ist es wie im Sprichwort: *"Du weißt nicht, was Du hast - bis es weg ist."*

Wenn Ihre Trennung erst vor kurzem stattfand, dann ist es am besten, sich erst etwas Zeit zu geben, um Abstand zu bekommen. Erst dann können Sie viel klarer einschätzen, ob die Beziehung eine Zukunft haben sollte.

Schauen wir uns nun im Einzelnen an, was dafür und dagegen sprechen könnte, Ihre(n) Ex zurück zu gewinnen.

SOLL ICH DEN/DIE EX WIEDER EROBERN?

JA, dafür spricht:

- Falls *Sie* die Beziehung beendet haben und es nun bereuen. Die Gründe für Ihre Reue sollten aber gewichtig sein und nicht nur, dass Sie nicht alleine sein mögen.

- Falls externe Probleme bei der Trennung eine große Rolle spielten. Dazu gehören finanzielle Probleme, Auseinandersetzungen mit Freunden oder Familienangehörigen, schwere Krankheiten, usw.

- Falls die Trennung wegen einem außergewöhnlichen Ereignis stattfand, das einen von euch unerwartet bis zur Glut getrieben hat.

- Falls Sie ganz bestimmte Probleme identifizieren können, die zur Trennung beigetragen haben und die Ihrer Meinung nach lösbar sind.

- Falls es deutliche Anzeichen dafür gibt, dass Ihr(e) Ex wieder zu Ihnen zurück möchte.

NEIN, dagegen spricht:

- Falls Ihre Beziehung immer schwierig war.

- Falls Ihre Probleme in der Beziehung auf charakterlichen Eigenschaften oder Verhaltensweisen beruht haben, die sich voraussichtlich nicht ändern werden.

- Falls Sie und Ihr(e) Ex sich früher schon mal getrennt haben.

- Falls Sie die Tendenz haben, um jeden Preis in ungesunden Beziehungen zu bleiben.

- Falls Sie Angst davor haben, ohne einen Partner zu leben.

Es kann durchaus helfen, Freunde nach Rat zu fragen, denn oft ist der Blick auf die Beziehung von außen objektiver. Würden Freunde, die Sie und Ihre(n) Ex kennen, Ihnen raten, die Beziehung wieder fortzusetzen?

Ganz allgemein gibt es zwei verschiedene Gründe, warum Beziehungen auseinander brechen. Entweder ist der Grund ein Konflikt oder man lebt sich auseinander, oder manchmal beides zugleich.

Wenn man sich auseinanderlebt, dann gibt es dabei häufig wenig Konflikte und man bleibt befreundet nach der Trennung.

Falls die Trennung aber wegen einem Konflikt geschah, dann sollte man folgendes bedenken: **Konflikte beruhen immer auf einem Missverständnis**. Das bedeutet, entweder Sie oder Ihr Ex-Partner haben etwas von dem missverstanden, was der andere gesagt oder gemacht hat.

Alle Konflikte sind Missverständnisse, bei denen man wegen überhitzten Gefühlen überreagiert. Wenn das bei Ihnen passiert ist, dann haben Sie gute Chancen, Ihren Ex-Partner zurück zu gewinnen. Wenn ihre Verärgerung etwas abkühlt, dann wird Ihr Ex-Partner auch anfangen, Sie zu vermissen.

Zum Glück finden es die meisten Menschen viel schöner, sich zu versöhnen als sich zu streiten.

Anhang

Empfehlenswerte Bücher

- *Die Kunst des Liebens* (Erich Fromm) – Sehr empfehlenswerter Klassiker über die weitverbreiteten Mißverständinisse, was Liebe ist und wie man lernt, wirklich zu lieben.

- *Die Lust am Leben wiederentdecken – Eine Selbsttherapie* (Jean C. Jenson) – Eines der besten uns bekannnten Bücher zum Thema der emotionalen Heilung.

- *Das Kind in uns – Wie finde ich zu mir selbst* (John Bradshaw): Der Klassiker über emotionale Selbstheilung und die Integration des „Inneren Kindes".

Empfehlenswerte Webadressen

Emotionale Heilung:

www.deprexis.de/de – traditionelle Therapien gegen Depression (Online-Therapie).

www.the-golden-flow-system.com – effektive Methoden zur emotionalen Selbstheilung.

Beziehung retten:

www.ex-zurueck-gewinnen.de/tipps – exzellenter Ratgeber vom Beraterteam zum Thema Ex-Partner zurückgewinnen.

www.zurueck.net – kostenlose Tipps, um die Beziehung nach einer Trennung zu retten.

5738890R00073

Printed in Germany
by Amazon Distribution
GmbH, Leipzig